中社智库 年度报告
Annual Report

新媒体影响力报告
（2023）

杨斌艳　刘志明◎主编

2023
Annual Digital
Media Influence Report

中国社会科学出版社

图书在版编目(CIP)数据

新媒体影响力报告.2023 / 杨斌艳，刘志明主编 . —北京：中国社会科学出版社，2024.6

（中社智库年度报告）

ISBN 978－7－5227－3672－3

Ⅰ.①新… Ⅱ.①杨…②刘… Ⅲ.①传播媒介—研究报告—中国—2023 Ⅳ.①G206.2

中国国家版本馆 CIP 数据核字（2024）第 111714 号

出 版 人	赵剑英
责任编辑	周　佳
责任校对	胡新芳
责任印制	王　超

出　　版	中国社会科学出版社
社　　址	北京鼓楼西大街甲 158 号
邮　　编	100720
网　　址	http://www.csspw.cn
发 行 部	010－84083685
门 市 部	010－84029450
经　　销	新华书店及其他书店
印　　刷	北京君升印刷有限公司
装　　订	廊坊市广阳区广增装订厂
版　　次	2024 年 6 月第 1 版
印　　次	2024 年 6 月第 1 次印刷
开　　本	710×1000　1/16
印　　张	16.5
插　　页	2
字　　数	175 千字
定　　价	86.00 元

凡购买中国社会科学出版社图书，如有质量问题请与本社营销中心联系调换

电话：010－84083683

版权所有　侵权必究

目　录

舆情类

2022年国内舆论学、网络舆情研究
　　概况 …………………………… 杨斌艳　周锦瑞（3）
中医药文化网络传播的特征、风险及策略
　　研究 …………………………… 杨斌艳　张宁悦（13）
中央部委舆情工作现状、挑战及发展
　　建议 …………………… 杨斌艳　刘嘉琪　张宁悦（30）

新媒体类

大语言模型在新闻媒体行业的应用场景与
　　发展建议 ……………………… 刘嘉琪　杨斌艳（45）
元宇宙赋能新闻传播业的实践与未来 ……………周锦瑞（58）
AIGC时代社交机器人赋能传媒行业的
　　新路径及风险防范 …………… 刘嘉琪　闫佳琦（74）

国际传播类

中国民众国际信息获取及国际意识 …… 杨斌艳　周锦瑞（91）

中国城市海外社交媒体传播力报告

　　…………… 中国城市与出海品牌影响力指数课题组（113）

中国企业海外社交媒体传播力报告

　　…………… 中国城市与出海品牌影响力指数课题组（135）

中国品牌出海的战略分析 ……………………… 刘志明（156）

文旅类

2023年全国省级文旅政务新媒体传播力

　　报告 ………………… 杨斌艳　刘嘉琪　崔乃文（171）

中国康养旅游发展报告 ………………………… 丁雪怡（190）

2023年黄河旅游发展报告 ………… 王晓民　占　方（219）

城市户外运动发展报告 …………… 李蓟昭　韩娟娟（241）

舆情类

美术史

2022年国内舆论学、网络舆情研究概况

杨斌艳　周锦瑞[*]

一　网络舆情研究仍然是舆论学研究的重点

网络舆情持续成为国内舆论学研究的重点，是近些年的一个显著特点。2022年这一特点仍然较为突出。在全球疫情反复的局势下，公共卫生领域的突发事件成为舆论和舆情研究的持续热门话题。与往年相比，2022年国内新闻传播学领域出现的舆论研究方面新的热点主要包括：其一，从新闻史角度进行的党的宣传规律、党的舆论斗争经验的研究；其二，对俄乌舆论战的研究；其三，关于智媒、算法等新技术对于舆论和舆情影响的研究。

从整体上看，新闻传播学领域质化和思辨类的研究居多。舆情研究聚焦的话题比较固定，其中，"网络舆情和突发事件的

---

[*] 杨斌艳，中国社会科学院新闻与传播研究所副研究员、网络信息与智能传播研究室副主任、传媒调查中心主任，中国社会科学院大学新闻传播学院硕士生导师，研究方向：舆情与社会治理、新技术与传播、青少年网络行为与网络文化；周锦瑞，中国社会科学院大学硕士研究生，主要研究方向为舆情与治理、新媒体与社会、青少年与互联网。

政府治理"是发文和讨论最多的点；其次，舆论、舆情形成的机制和逻辑的讨论。

中国社会科学院舆情调查实验室自2013年以来，持续坚持通过问卷调查的形式，长期跟踪国内热点舆情、舆论、网民情绪，对社会和民生的重要方面进行持续的民意调查和跟踪。补充了网络抓取数据的不足，从民调、民意的角度持续观测舆情民意。2022年，本项目完成了3期"中国舆情指数调查"，累计有效样本1.2万余个，从热点舆情、民众消费信心、民众对政府满意度、网民情绪、国际意识、国际媒体接触等多个方面进行了全国网络抽样调查。

二 网络舆情研究的重要特征

（一）多学科领域的切入

网络舆情是近些年国内舆论学研究中持续热门的领域，多学科的切入，成为网络舆情研究的重要特征。国内对网络舆情研究关注较多的主要有三个学科：一是新闻传播学科，二是公共管理、行政管理学科，三是信息管理、情报学科。这三个学科研究的视角、讨论的问题也形成了各自较为固定的模式。

新闻传播学科与公共管理、行政管理学科在舆论和舆情研究方面，多关注网络舆情与政府治理、舆情事件的传播理论、网络谣言传播规律、新技术对舆论的影响等。在研究方法上，多以质性研究为主。

信息管理、情报学科以舆情监测系统、舆情监测模型、算法、舆情研判和预警机制等为主要切入点，多关注网络突发事件通过大数据监测的模型、关系、算法，以及如何更好地构建不同领域的舆情监测和研判的舆情系统。多采用大量的网络抓取数据结合数据模型进行模拟、仿真等分析。

这两个方向体现了网络舆情研究文理融合的特征，新闻传播学科和公共/行政管理学科的社会科学研究的视角，以意识形态安全、舆论引导、社会心理、社会治理、传播规律等角度探讨网络舆情的传播规律与政府治理；信管、情报学科以信息管理技术、舆情监测系统模型为主攻方向，在技术如何更好地挖掘网络民意进行舆情预警上体现出AI在网络舆情领域的赋能。

这是网络舆情研究很大的优势，也是中国舆论、舆情研究创新和发展的重要动力。但是，这两个学科之间缺乏有效的对话和合作研究，在一定程度上形成了圈子内的封闭，讨论的话题难以相互交流和有效沟通，交叉学科的融合优势以及两个学科的共同促进难以体现。

（二）面向现实问题的关切

对于现实问题的关切，是网络舆情研究的重要特征。2022年，此领域关注的比较新的话题如下：其一，新闻传播领域对于党在舆论引导方面的经验的研究和探索；其二，国际视野下涉华舆情的研究；其三，俄乌舆论战的研究；其四，高校舆情的深入和纵深切入的研究。这四个方面突出体现了2022年国内舆论、舆情方面的现实状况和需求。

新闻史、党报史、党史等个别经典舆情案例的研究，体现出一定的"学科体系、学术体系、话语体系"意识；涉华舆情、"一带一路"舆情等的研究和关注，体现出对国际传播、国际舆论场的重视；俄乌舆论战的探讨以及高校舆情研究的深入都是2022年国际和国内热点的体现。在情报学科中，2022年关于情感、情绪的研究值得关注，尤其是通过模型进行情感测量和计算在具体领域应用方面的探索。

（三）智库研究的取向更为突出

网络舆情的研究更多地走向智库研究、内部研究的方向，这既是这个研究领域的特征，也是面向现实重大问题的需要。所以，从整体上看，2022年有关舆论、舆情的研究，除了主题在网络舆情与政府治理上的聚焦，更多的是情报学科在模型、系统等方面的研究。从2022年新闻传播领域的图书出版来看，更多的是网络舆情的相关教材（包括一些培训教材）的出版和再汇编出版。

表1　　　　　　　　2022年网络舆情类主要出版物

序号	主要学者	出版物	出版机构
1	刘昊	《社交媒体舆论的情感传播研究》	南开大学出版社
2	匡文波	新闻传播学文库《新媒体舆论》	中国人民大学出版社
3	夏一雪、兰月新、叶琼元	《舆情生态论》	天津大学出版社

续表

序号	主要学者	出版物	出版机构
4	段赛民	《如何有效处置网络舆情》	人民日报出版社
5	李明德	高等院校"十三五"网络与新媒体系列教材《网络舆情概论》	人民邮电出版社
6	王福生、陈富荣、王俊莲、许振明	甘肃蓝皮书《甘肃舆情分析与预测2022》	社会科学文献出版社

三 2022年值得关注的研究观点和成果

（一）关于情感的研究

2022年，信息管理、情报学科的代表研究如下。李晚莲、蒋化、曾锋将突发事件中的舆情反转高低强度生成共10条路径归纳为5种组合类型，分别为累积蓄力型、高温冲击型、官方缺位型、标签弱化型、低温平缓型，并得出反转时期是整个网络舆情反转过程的核心阶段的结论。① 吕鲲、施涵一、靖继鹏选取新冠疫情期间相关的44个代表性微博热搜话题进行分析，提出应对突发公共卫生事件网络舆情的建议。② 田世海、于越、邓舒予构建了舆情预警情景动态贝叶斯网络模型，并结合EM算法对模型进行训练和测试，明确各情景下舆情危机预警重点关注的影响要素，为政府动态制定危机应急决策提供参考。③

---

① 李晚莲、蒋化、曾锋：《突发公共事件网络舆情反转强度生成机理研究——基于多案例的fsQCA分析》，《情报杂志》2022年第11期。
② 吕鲲、施涵一、靖继鹏：《突发公共卫生事件网络舆情热点话题形成组态路径研究——基于微博热搜数据的模糊集定性比较分析》，《情报理论与实践》2022年第9期。
③ 田世海、于越、邓舒予：《突发公共事件多情景下的网络舆情危机预警研究》，《情报理论与实践》2023年第1期。

（二）关于我党舆论经验的研究

张涛甫认为进入新时代，马克思主义新闻观中国化步入新的阶段，应当以前所未有的深度和广度回应全面开放条件下新闻舆论领域的重大命题。① 孙江、贺晶晶认为，延安整风运动中《解放日报》的改版确立了马克思主义中国化的党报"四性"，为当下党媒的发展与新闻舆论工作提供了宝贵的经验。② 徐进对1940年成都抢米风潮的舆论风波进行分析，发现国民党为打击中国共产党与地方实力派，相当注重控制舆论。③ 中国共产党则运用统一战线进行反击，于此亦体现了其高超的斗争策略和日渐成熟的政治智慧。王润泽、王汉威分析了法国第一起被平反冤案"卡拉斯案"的舆论反转，通过价值先导遮盖了事实判断中的疏漏，由此将自身的事实判断树立为权威方法，成为此次事件实现舆论扭转的关键所在。④ 程磊、王咏梅认为，抗战末期的报刊论战导引了社会的观看和表达，为联合政府提供了舆论合法性，丰富了中共的舆论建构路径。⑤

---

① 张涛甫：《基于意识形态视角的马克思主义新闻观》，《新闻与传播研究》2022年第8期。

② 孙江、贺晶晶：《"马克思党报思想"中国化的肇启及传承——延安整风运动中〈解放日报〉改版》，《现代传播》（中国传媒大学学报）2022年第6期。

③ 徐进：《统一战线、舆论与政治：重释1940年成都抢米风潮》，《山东社会科学》2022年第2期。

④ 王润泽、王汉威：《事实构建、公共理性与媒介偏向：法国第一起被平反冤案"卡拉斯案"的舆论反转》，《新闻与传播研究》2022年第5期。

⑤ 程磊、王咏梅：《从政治主张到政治共识——抗战末期"联合政府"在国统区的报刊舆论建构》，《新闻与传播研究》2022年第8期。

（三）关于高校舆情的研究

赵蓉英、李新来、李丹阳运用 BA 无标度网络模型，对高校新媒体信息传播网络结构的演化特征进行了仿真模拟，认为高校信息传播中以积极情感为主，网络舆情事件对情感影响较大。① 杨柳、徐宇昭、邓春林构建了舆情发布者影响力、舆情热度、舆情强度、舆情扩散度四个维度的高校网络舆情风险评估指标体系，综合运用 TOPSIS 法和灰色关联分析法构建高校网络舆情风险评估及预警模型，对舆情风险等级进行划分。② 该模型极大简化了高校网络舆情风险评估和危机预警的识别程序，为合理有效地处理和应对高校网络舆情提供了借鉴和参考。周子明、高慎波研究了高校网络舆情的生成逻辑、风险特点，认为高校网络舆情生成演化遵循特定发展规律，具有意识形态化、焦点扩大化、传播裂变化、行为圈层化等风险特点。③

九州出版社出版的图书《高校网络舆情的教育引导方式研究》，全书共四章：第一章剖析高校网络舆情的基础理论，内容包括高校网络舆情的界定及形成、高校网络舆情的性质与特征、高校网络舆情的结构与功能；第二章围绕高校网络舆情教育价值的表现、高校网络舆情价值功用与应对能力、高校网络舆情

---

① 赵蓉英、李新来、李丹阳：《高校新媒体信息传播网络结构及其演化特征》，《情报科学》2022 年第 6 期。
② 杨柳、徐宇昭、邓春林：《高校网络舆情风险评估及预警研究》，《情报科学》2022 年第 5 期。
③ 周子明、高慎波：《高校网络舆情的生成逻辑、风险特点及应对策略研究》，《情报科学》2022 年第 3 期。

教育价值的实现途径展开研究；第三章探讨高校网络舆情的传播与引导，内容涉及高校网络舆情的传播机理、高校网络舆情引导的主客体、高校网络舆情引导工作的内容；第四章探索重大突发事件下高校网络舆情的教育引导，内容包括重大突发事件下高校网络舆情引导工作现状、重大突发事件下高校网络舆情引导的原则、重大突发事件下高校网络舆情引导策略探讨。

主要参考文献

陈璟浩、谢献坤：《国际涉华突发事件国内外网络舆情对比分析》，《情报杂志》2022年第3期。

程磊、王咏梅：《从政治主张到政治共识——抗战末期"联合政府"在国统区的报刊舆论建构》，《新闻与传播研究》2022年第8期。

胡正荣、李涵舒：《智媒时代舆论的特征、实质及对策》，《青年记者》2022年第18期。

黄仕靖等：《基于情感分析的突发公共卫生事件舆情时空演化差异研究》，《情报科学》2022年第6期。

贾乐蓉：《俄乌冲突中俄罗斯的舆论策略及其启示》，《对外传播》2022年第8期。

孔德鹏、郎玫、史传林：《信息内卷化：政府网络舆情治理能力的提升路径》，《情报杂志》2022年第11期。

李萌、陈康：《从社会哲学到现实考察：塔尔德社会模仿视野下舆论的形成与演变》，《新闻界》2022年第3期。

李明德：《智媒时代的舆论素养及其养成》，《青年记者》2022年第18期。

李晚莲、蒋化、曾锋：《突发公共事件网络舆情反转强度生成机理研究——基于多案例的 fsQCA 分析》,《情报杂志》2022 年第 11 期。

林旭娜:《舆情事件中政府部门信息发布的风险与原则》,《青年记者》2022 年第 13 期。

柳建坤、张柏杨、张云亮:《多维"国家距离"视野下的涉华舆情运作机制——基于 GDELT 新闻大数据的实证分析》,《情报杂志》2022 年第 9 期。

吕鲲、施涵一、靖继鹏:《突发公共卫生事件网络舆情热点话题形成组态路径研究——基于微博热搜数据的模糊集定性比较分析》,《情报理论与实践》2022 年第 9 期。

马广军、宋珊:《互联网群体传播中抗拒性认同及其情感化因素研究——基于"中美贸易摩擦"舆论的分析》,《情报杂志》2022 年第 2 期。

马腾等:《多维数据融合的突发公共卫生事件网络舆情演化特征研究》,《情报理论与实践》2022 年第 12 期。

孟威:《舆论场域、动力结构与政法新媒体的专业性再造》,《传媒观察》2022 年第 8 期。

潘宏鹏等:《考虑反讽语义识别的协同双向编码舆情评论情感分析研究》,《情报杂志》2022 年第 5 期。

孙江、贺晶晶:《"马克思党报思想"中国化的肇启及传承——延安整风运动中的〈解放日报〉改版》,《现代传播》(中国传媒大学学报)2022 年第 6 期。

田世海、于越、邓舒予:《突发公共事件多情景下的网络舆情危机预警研究》,《情报理论与实践》2023 年第 1 期。

王积龙、张姐萍、李本乾:《微博与报纸议程互设关系的实证研究——以腾格里沙漠污染事件为例》,《新闻与传播研究》2022 年第 10 期。

王连喜等:《东盟涉华舆情识别及特征分布研究——以主流英汉媒体为分析对象》,《情报杂志》2022 年第 8 期。

王润泽、王汉威:《事实构建、公共理性与媒介偏向:法国第一起被平反冤案"卡拉斯案"的舆论反转》,《新闻与传播研究》2022 年第 5 期。

王晓红：《突发公共卫生事件网络舆情研判体系研究——基于时空大数据技术的应用》，《青年记者》2022年第6期。

王亦高：《高级互联网时代的舆论形态及其省思——以毛泽东同志"舆论一律又不一律"观点为先导》，《青年记者》2022年第18期。

吴布林、刘昱琪、李光：《重大突发事件政府新媒体舆论场谣言的传播、扩散与消减模型》，《情报科学》2022年第11期。

徐进：《统一战线、舆论与政治：重释1940年成都抢米风潮》，《山东社会科学》2022年第2期。

杨柳、徐宇昭、邓春林：《高校网络舆情风险评估及预警研究》，《情报科学》2022年第5期。

杨宁：《透视藏于故事的舆论爆点》，《青年记者》2022年第3期。

张楠楠等：《公共卫生事件舆情的地区差异及其情感测度——以新冠肺炎疫情为例》，《情报科学》2022年第9期。

张鹏：《媒体灾难报道如何疏导和干预舆论情绪》，《青年记者》2022年第17期。

张涛甫：《基于意识形态视角的马克思主义新闻观》，《新闻与传播研究》2022年第8期。

赵蓉英、李新来、李丹阳：《高校新媒体信息传播网络结构及其演化特征》，《情报科学》2022年第6期。

周葆华：《算法、可见性与注意力分配：智能时代舆论基础逻辑的历史转换》，《西南民族大学学报》（人文社会科学版）2022年第1期。

周子明、高慎波：《高校网络舆情的生成逻辑、风险特点及应对策略研究》，《情报科学》2022年第3期。

中医药文化网络传播的特征、风险及策略研究[*]

杨斌艳 张宁悦[**]

中医药学是中华民族的伟大创造。根据《中国的中医药》白皮书对中医药历史回顾的记录，中医药与中华文明的诞生发展息息相关，具有几千年的历史。中医药是中华优秀传统文化的典型代表，强调"道法自然、天人合一""阴阳平衡、调和致中""以人为本、悬壶济世"，体现了中华文化的内核。中医药还提倡"三因制宜、辨证论治""固本培元、壮筋续骨""大医精诚、仁心仁术"，更丰富了中华文化内涵，为中华民族认识和改造世界提供了有益启迪。[①] 中医药文化的传播是中华优秀传统文化和中华文明传承、发展和弘扬的重要部分。

党和政府高度重视中医药文化传播，国家中医药管理局等五

---

[*] 本研究是 2023 年度民盟中央课题"中医药非物质文化遗产传承创新"成果。

[**] 杨斌艳，中国社会科学院新闻与传播研究所副研究员、网络信息与智能传播研究室副主任、传媒调查中心主任，中国社会科学院大学新闻传播学院硕士生导师，研究方向：舆情与社会治理、新技术与传播、青少年网络行为与网络文化；张宁悦，中国社会科学院大学硕士研究生，研究方向为网络舆情、青少年网络文化。

① 《〈中国的中医药〉白皮书（全文）》，2016 年 12 月 6 日，国务院新闻办公室网站，http：//www.scio.gov.cn/ztk/dtzt/34102/35624/35628/Document/1534714/1534714.htm。

部门于2021年6月29日联合印发了《中医药文化传播行动实施方案（2021—2025年）》，希望推动中医药文化传播，使中医药成为群众促进健康的文化自觉。在抗击新冠疫情的过程中，中医药在预防、治愈与康复阶段都发挥了积极作用，展示出中医药对维护人类健康、推动世界文明进步的重要意义。如今，中医药已传播到183个国家和地区，成为中国与世界各国开展人文交流、促进东西方文明交流互鉴的重要内容，成为中国与各国共同维护世界和平、增进人类福祉、建设人类命运共同体的重要载体。①

中医药文化传播最重要的是传播实践。传播效果，也可称为传播影响力，是传播实践最重要的目标之一。从国家对中医药文化传播的目标和定位来看，中医药文化传播需要满足国内和国际两方面的需求，而这两方面的目标和路径有所不同。本研究的意义就在于，通过聚焦中医药文化的传播实践，了解当前中医药文化在群众中的传播状况，并对可能存在的风险进行分析，从而给中医药文化的网络传播带来一定启发，提出相应对策。通过网络监测数据，在一定程度上可以对传播影响力和传播效果进行测量和评估。

目前，中医药文化的弘扬通过网络传播取得了不错的成效，走进了广大群众的生活。而当前网络传播生态多样，网络舆论复杂多变，中医药文化传播同时也存在一定舆情风险。本研究以三个月的网络大数据抓取为分析样本，对当前中国中医药文化网络传播的现

---

① 《〈中国的中医药〉白皮书（全文）》，2016年12月6日，国务院新闻办公室网站，http://www.scio.gov.cn/ztk/dtzt/34102/35624/35628/Document/1534714/1534714.htm。

状、特征及舆情风险进行分析，并提出相应传播对策。

一 中医药文化传播的态势

中医药文化体系庞大，博大精深，取法自然，在中国人民群众中有悠久的使用历史和传统。药物干预（如草药、成药），非药物疗法（如针灸、推拿）和日常养生（如道家功法、八段锦）等均贯穿在群众日常生活中，这些都体现出中医药重视整体、注重"平"与"和"、强调"个体化"、突出"治未病"的健康理念。[①] 中医药文化的推广，线上线下都有许多表现，线上有各机构、自媒体的养生与科普宣传，线下有能亲身体验的活动，如中医进校园、下社区，中医药博物馆、日常各类养生馆等，能够让群众直观感受到中医药对身心调理的魅力。

本研究主要依托网络大数据的监测来分析中医药文化的网络传播情况，以中医药文化宣传推广、中医药科普为主要聚焦点，重点关注三个月的宣传推广和科普的状况。依托北京清博大数据科技有限公司舆情监测系统，以"中医、中药、中医药、中医中药、中医药文化"为监测主体（作为主要的监测对象），以"文化传播、推广、宣传、普及、科普、繁荣发展、传播"为主要分析词，系统生成了诸如"中医+科普、中医药文化+宣传"等共35个组合的关键词进行全网信息抓取，数据抓取的

---

① 《〈中国的中医药〉白皮书（全文）》，2016年12月6日，国务院新闻办公室网站，http://www.scio.gov.cn/ztk/dtzt/34102/35624/35628/Document/1534714/1534714.htm。

时间范围为2023年4月26日至7月25日。按照上面的设置，本系统共监测到全网相关信息（监测系统覆盖范围内）2633509条。依据这些网络抓取数据，进行更进一步的分析，发现当前中医药文化的网络传播呈现如下特征。

（一）内容多为活动宣传和健康科普

从监测数据来看，分析词榜单中，"科普"声量最大，占比26.93%；其次是"宣传"，占比22.94%。网络上对活动的宣传报道和健康科普的内容在中医药文化传播内容中占主要地位。

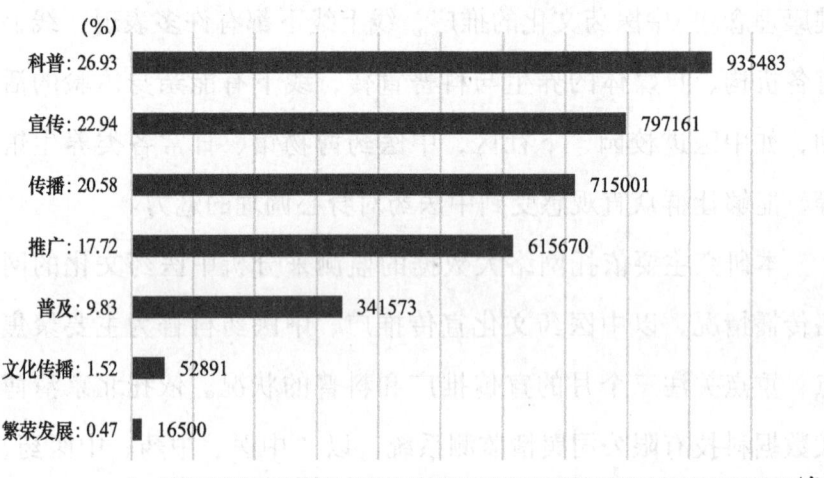

图1 分析时间段内各分析词下信息总量的分布情况

资料来源：数据均来自北京清博大数据科技有限公司舆情监测系统。

《中共中央 国务院关于促进中医药传承创新发展的意见》指出，要推动中央主要新闻单位、重点新闻网站等各类媒体加大对中医药文化的宣传力度，加强和规范中医药防病治病

中医药文化网络传播的特征、风险及策略研究

知识传播普及，营造珍视、热爱、发展中医药的社会氛围。各地因此开展了丰富的活动，相关的报道也增多。例如，山东省开展"四送四进四提升"健康促进行动，提升群众健康素养，其中"送中医药特色疗法"是一大重点，各级媒体都进行了相关宣传与报道。齐鲁网、《齐鲁晚报》等地方媒体对当地政策文件、活动情况进行解读与介绍，并通过"三微一端一号一抖"扩大内容传播范围，开展活动的具体单位与社区也通过自己的微信公众号等进行宣传。因此活动的宣传报道在相关内容中占有重要地位。

除了活动宣传，知识科普也是有关中医药文化传播的主要内容之一。从具体内容来看，在三个月中，部分群众出现"二阳"的情况，专家结合季节特征和症状表现，推荐使用中医药治疗风热感冒。《人民日报》、中青看点等总结专家建议，就有关如何避免"二阳"以及"二阳"的症状解读进行报道。中医药在抗击新冠疫情中发挥的重要作用受到了群众的认可，再加上人们对传统文化的重视，中医药文化越发受到关注，相应的养生建议和健康科普内容增多。一些医院的专业中医开设个人账号，介绍中医药养生知识；中医药文化爱好者依据自己的个人兴趣、主营业务等，从中医角度对各种疾病进行分析，介绍针灸、穴位、推拿等中医药内容，还有太极、八段锦、五禽戏等教学视频。当前，群众对中医药养生的科普知识的需求量增大，做好中医药健康科普是宣传中医药文化的重要方式。

（二）商业媒体和民企发布信息较多

对监测时间段内的发布媒体进行分析，可以看到，参与中医药文化传播的各类主体复杂多样。从数据来看，除"其他"与"未认证"的发布媒体之外，民企和商业媒体发布的信息最多，分别占8.3%和7.14%。中医药民营企业对药物研发、技术创新、中医药出海做出了重要贡献，如九芝堂、翔宇集团、三诺生物等。国家对民营企业发展的态度也十分明确，就是支持、保护，做大做强民营企业，大力发展民营经济。这些企业在自己账号的运营中，主要发布本企业取得的成就，建构企业形象，方便群众了解。商业媒体的内容创作与传播更具市场化思维，其传播思路值得其他传播主体进行参考，但要避免过度的、夸大的商业宣传。

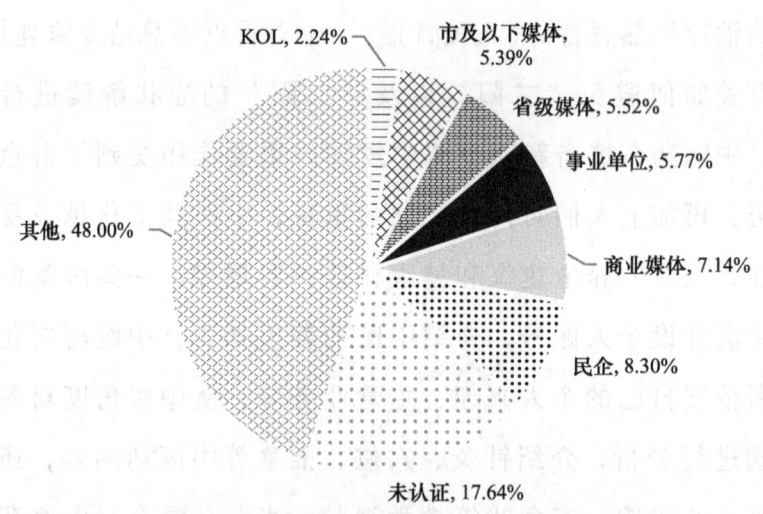

图2　相关信息来源的媒体分布情况

资料来源：数据均来自北京清博大数据科技有限公司舆情监测系统。

（三）微信平台是主要传播渠道，短视频平台传播也较多

对监测时间段内的传播平台进行分析，可以看到，微信平台、App与视频平台上的信息最多，分别占比34.47%、19.07%与12.39%。

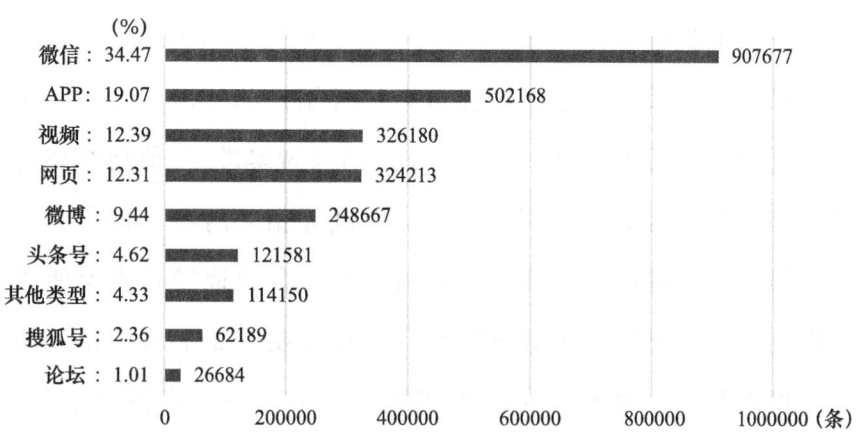

图3 不同平台的信息量分布情况

资料来源：数据均来自北京清博大数据科技有限公司舆情监测系统。

微信公众号一直是中医药文化传播的主阵地，政府部门、各大医院、中药企业大多有相应的微信公众平台进行内容发布。《中国中医药报》统计的数据显示，截至2022年4月，共有18个省份的中医药管理部门开通了微信公众号，中国内地的开通率约为58%；中医院（含中医医院、中西医结合医院、民族医医院）微信公众号开通的数量多，开通率约为36%，其中三甲中医院开通率较高，超90%；中药企业中，上市公司基本都开通了微信公众号，中小型企业开通得较少。中医药自媒体账号

数量十分庞大，根据《中国中医药报》社新媒体部的监测，仅保持日更的中医药自媒体微信公众号就有上千个。①

此外，短视频平台近两年发展势头强劲，有很强大的受众基础，也成为信息发布的重要平台。抖音平台创新了#中医药文化#、#中医药知识#等话题，快手平台上#传播健康弘扬中医文化#、#养生就是健康#等话题均有一定讨论量。短视频平台在内容创作、表现形式等方面更加符合年轻用户的习惯，让年轻用户走进中医药文化，使中医药文化传播与时俱进。② 值得注意的是，短视频平台对于医学、健康、保健等相关内容审核十分严格，很多医疗机构的认证较为困难，想要合规地发布内容所要付出的努力会更多，而短视频平台却在主要发布平台中排列第三，可以看出中医药文化内容在短视频平台有一定传播空间，并且有很多账号愿意进行分享。

二 中医药文化传播的舆情特征和风险

做好中医药文化传播是增强文化自信、助推提升国家文化软实力，推动构建人类命运共同体的重要渠道。虽然近两年中医药文化的普及与传播取得一定成效，但也显示出了一些隐含的舆情风险，需要提高警惕。

---

① 《如何做好中医药新媒体传播？适应新媒体平台的多样性，以用户思维为指导》，2022年6月15日，微信公众号，https://mp.weixin.qq.com/s/MMnAKlQKcXDHeKhsQo4mNw。
② 闫妍、闫剑坤、龚燕冰：《论"抖音"等短视频平台助力中医药文化传播——以北京中医药大学东方医院抖音平台为例》，《传媒论坛》2021年第8期。

（一）极端民族主义情绪影响舆论环境

中医药文化在群众心目中代表着国家与民族的形象，当群众感受到这一文化受到侵犯时，会产生相应的爱国情绪。例如 2023 年 4 月的一条新闻称，某日企高价收购中国一家拥有百年历史的中医药企业，在当时引起了网友广泛讨论。在 2023 年 4 月 25 日至 7 月 25 日这一时段，共监测到 36871 条相关信息，其中负面信息占 39.1%。对这一事件的讨论中，主要观点有对中医被外人抢走的痛心、批评政府和群众不重视中医、结合其他因素揣度日本收购的手段等。总体来说，群众对于日企收购中国中医药企业表示强烈不满，呼吁理性、辩证看待的声音被淹没其中。

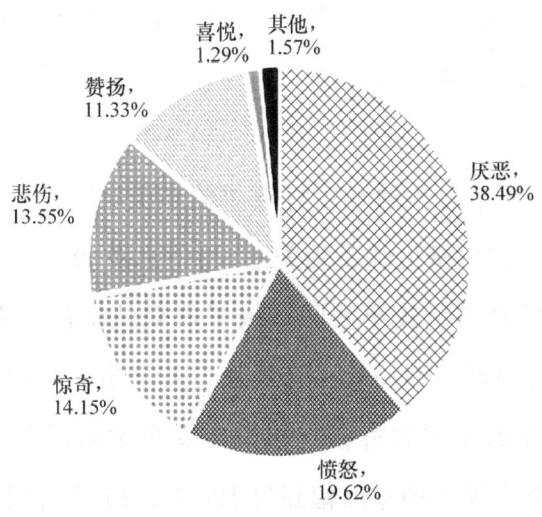

图 4 "日企收购中国中医药企业"事件中信息的情绪分析

从非理性爱国行为产生的内在机制来看，并非所有网民群体都能对此类事件有全面、客观的认知，并且个人对爱国行为、历史问题等认知存在偏差，导致群体性思维狭隘，催化出"我认为我的行为就是爱国"的朴素爱国情绪，产生非理性表达。从外部机制来看，外部事件刺激诱发网络舆论，在群众讨论的初期，网民群体以个体身份发表观点。而后由于认知、情感等方面的差异产生意见不合，舆论阵营划分逐渐明晰，形成激烈的网络舆论对战，引发对立情绪。不论出于何种动机，群体的聚集会迅速点燃网民群体的爱国情感，并在网络对战中逐渐激化爱国情绪，随之形成狭隘的民族主义，带来意识形态危机。①在全球化的时代大背景下，中国日益强大，需要不断拓宽国际合作，中医药企业也是如此。对于此类事件的管理需要具体情况具体分析，极端的"排除异己"心态并不利于中医药文化与产品"走出去""走得远"。

（二）主流信息声量难以打破"信息茧房"

近期中药材价格上涨备受关注，"信息茧房"对群众认知的影响和主流信息声量较小共同造成了群众认知的偏差。2023年6月，江苏省医药行业协会中药饮片专业委员会对中药材价格异常增长的情况做出报告称，有超过200个常规品种年涨幅超过50%，100个常规品种年涨幅超过100%，25个常用大宗药材年

---

① 王光芬：《网络空间非理性爱国行为研究》，硕士学位论文，西南财经大学，2022年。

涨幅超过200%，引起群众的广泛关注。以中医药、中药、药材为监测主体，以涨价、暴涨、价格疯涨为监测词，对2023年4月26日至7月25日的信息进行监测，共监测到信息135880条，负面信息占比14.61%。大部分群众在抱怨价格上涨，部分群众认为有资本在炒作药材，不仅为了赚钱，还妄图搞垮中药行业，而相关部门任其野蛮生长，是极不负责的表现。结合"日企收购""日韩申遗"等事件，群众更为气愤。

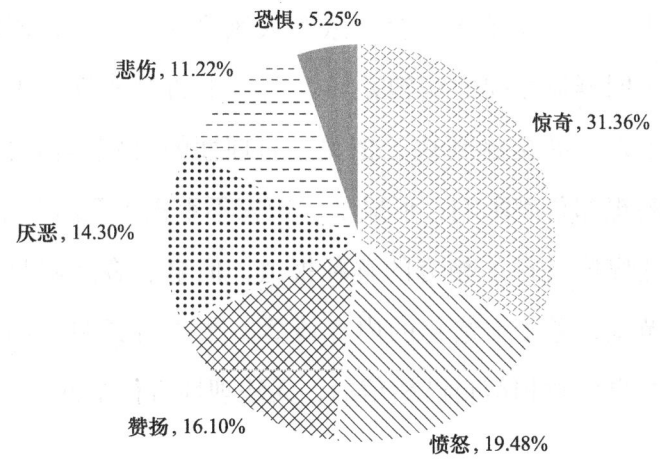

图5　"中药材涨价"事件中信息的情绪分析

面对舆论的发酵，红星新闻、《中国新闻周刊》、潮新闻等媒体都进行了调查报道，指出除了产量减少，游资涌入、中间商囤货炒作等是2023年中药材价格大涨的重要因素。2023年7月8日，中国中药协会向中药行业发出倡议：坚决反对，也绝不以任何形式参与到哄抬和操纵药材价格、投机炒作等扰乱药材市场秩序的不正当乃至违法行为中；部分公司也开始加大生

新媒体影响力报告（2023）

产规模，但这些信息的传播速度与效果远差于非理性的抱怨和带有民族情绪的指责。

究其原因，与"信息茧房"对公众认知的影响有关。公众大多通过现代媒体体系构建的"拟态环境"来认知世界，这种认知直接影响个人的行为。社交媒体是目前群众获取信息的主要渠道，而平台的算法推荐机制在某种程度上，加剧了信息获取的分层、分群和个性化。在这种情况下，不同个体基于信息偏好带来的"信息茧房"会导致个人风险感知差异，同时还可能导致不同群体之间的认知差异。在"中药材涨价"事件的讨论中，群众不断接触到缺乏把关、非理性的自媒体信息，被评论区的臆想和猜测影响，形成了"国家不重视中医药"的印象。虽然主流媒体进行了相应的解释报道，但事后客观解释的传播速度与范围远差于情绪化的内容传播。在"后真相"的环境之下，群众更愿意相信自己相信的，无法理性看待事件。

（三）"伪中医"影响群众对中医药的印象

"伪中医"一直是中医药文化传播的阻碍。《法治日报》在2023年6月的报道《隐藏居民楼里的伪中医：号称"老中医"穴位却分不清》中，揭示了目前存在的"伪中医"涉嫌非法行医、售卖假药等问题。许多人对于中医药相关知识缺乏系统的学习与了解渠道，在线下就诊过程中也难以准确地以专业术语对自己的病症进行描述，而中医药在不同的个体身上发挥的效用也存在差异，正因如此，才给了"伪中医"钻空子的机会。

中医药文化网络传播的特征、风险及策略研究

此外，群众缺乏了解"好中医"的渠道，常常靠口耳相传，这也使一些没有取得医师执业资格的人，靠着"祖传药方""中医师承"等噱头，擅自开展医疗活动，危害群众身体健康的同时，也给人留下了"中医害人"的坏印象。

（四）海量信息带来信息甄别负担

在互联网上，中医药文化传播的主体许多为非医药专业的自媒体，其专业性与科学性难以进行核查，导致互联网上的信息鱼龙混杂，给群众带来信息甄别负担。一些账号发布的内容看似是科普中医药相关知识、推广养生方法，但实际上植入了大量服务与药品的广告，核心目的是对自营内容的推广与营销，从而提高运营利润。一方面，群众若盲目偏信而未能取得想要的治疗效果，则会认为"中医无用"；另一方面，即使这些账号前期发布的相关知识是专业的，但后期营销与推广充斥其中，十分影响受众的观感，会破坏中医药文化传播的群众基础，影响中医药文化普及效果，甚至歪曲中医药文化精神内涵。[①]

三 中医药文化传播的策略

（一）可靠信息甄别：官方信息及时公开透明，建立信任体系

可靠信息的快速甄别，是群众在面对大量网络传播中医药

---

① 唐净欣：《新媒体中医药文化传播现状及策略》，《中国报业》2020年第24期。

新媒体影响力报告(2023)

信息时的一个基本需求。而在前文列举的中医药文化传播舆情事件中，官方机构、权威媒体的回应和报道缺失是舆情危机潜在的重要因素。即使《中国新闻周刊》等主流媒体对中药材价格上涨的原因进行报道后，国家层面相应的具体解决措施与表态仍处于缺失状态，造成了公众的知情困境。根据谣言传播公式：$R = I \times A$（谣言传播数量 = 重要性×信息模糊程度），信息的模糊程度越高，谣言传播越广泛，在权威信息缺乏的环境下，小道消息占据上风。同时，相关部门决策过程不透明、对信息发布的控制造成了信息的不对称，长期以来公众对于政府的信任缺失，导致公众的解读也呈现对抗性，使权威信息的传播声量远小于营销号。

因此，有关部门和主流媒体应当主动了解公众的信息诉求，就群众关切的问题进行有针对性的回应，及时通报真实情况，让信息透明化，由权威媒体引导舆论走向，并通过"对话"和"参与"重建媒体公信力。[①] 这对于危机管理也意义重大。另外，管理机构需要熟悉并掌握公众对媒体的信任状况，清楚知道哪些媒体在哪些人群、哪些话题上是有影响力、有公信力的，以便宏观安排和调度。在社交传播领域，宣传领导部门和社交平台需要掌握不同领域、不同群体的舆论领袖（微博大V、KOL等）的动态，而且通过管理制度建设、情感沟通等，增强对社交传播中舆论领袖的引导力。

---

① 胡百精：《风险社会、对话主义与重建现代性："非典"以来中国公共关系发展的语境与路径》，《国际新闻界》2013年第5期。

（二）专业科普队伍建设的可行性：一直在做，但是要可行可持续的路径

不同的传播主体在做好中医药文化科普工作的过程中，面临着不同的问题，基本上是各自为政，难以融通。对于非专业机构的自媒体和主流媒体来说，其内容专业性以及科学性都存在明显不足。对于权威的中医药机构来说，其内容可能因为过于专业而难以被受众理解。在科普传播中，最常见的问题是科技记者作为科学家与公众沟通的桥梁，经常起不到作用或者犯错误。常常是传播者用了很大的功夫，但是普通大众不买单，难以达到真正的传播效果，科学话语与公众话语之间显然存在巨大的鸿沟。在科学家看来，记者们"重新编排"的过程往往也是"曲解"的过程。当把复杂专业、难以理解的科学研究翻译成更能被公众理解的词汇时，需要的不仅是单纯的语言能力，更需要传播者有相应的知识储备。

传播人才队伍的建设工作一直在开展，但是可行和可持续的路径需要不断尝试与探索。可考虑从三个方面进行优化。第一，传播平台与专业中医药机构或者专家团队合作，进行专业内容的把关，大力整治"伪中医""假中医"内容。第二，完善中医药文化传播人才培养机制，鼓励传统专业媒体人员积极参与科普传播。第三，在人才激励方面，通过一定的机制鼓励中医药大夫、中医药大学生等中医药从业人员积极开展中医药文化知识普及工作，从而充分保障中医药文化传播人才"靠得

住、用得上、留得住"。①

（三）加大对"伪中医"尤其是"黑中医"相关账号及文章的治理力度

"伪中医"大多在民间活动，辨别能力较差的人时常上当，对此，专家建议参考国外建立联合信用惩戒机制，将无证行医者与信用制度挂钩，形成威慑，同时鼓励群众举报"伪中医"诊疗乱象。②对于新媒体平台的信息治理，需要多主体参与、多维度监管。一方面，对故意"黑中医"的相关账号及文章加大治理力度，尤其要注意摸索其背后主导人的性质和目的，对想要通过抹黑中医而打压中华文化的人给予严厉处罚。另一方面，对于商业信息的治理，不能"一刀切"管控，平台应当加大信息发布时的监管与审查力度，对于夸大功效、缺乏依据的内容限制发布；还可以进一步完善用户的举报与监管机制，减少错误信息的传播。值得注意的是，平台应当同时注重对内容创作者的保护，打击抄袭行为，并且对收到的举报信息进一步审核其真实性，减少"误伤"，保证专业内容创作者的创作热情。另外，网信办等部门应当进一步完善治理制度，提高虚假信息传播的犯罪成本，倒逼信息传播主体提高社会责任感。

---

① 张媛、欧阳静：《媒介融合视域下中医药文化传播的困境及对策研究》，《中国医药导报》2020年第26期。

② 《号称"老中医"，穴位都分不清》，2023年6月5日，法治网，http://epaper.legaldaily.com.cn/fzrb/content/20230605/Page08TB.htm。

(四) 警惕极端民族主义引发国内国际舆情的震荡和国际形象负面影响

很长时间以来,传统中医理念一直被西方某些媒体冠以"巫术"之名,也常常被下一代质疑。而我们特别容易进入的陷阱是攀附西医来解释中医,利用传统医学科学体系下的实验进行自证,这常常成为外界质疑中医的重要原因。因此,在中医药国际传播的学理阐释层面需要下功夫,从中华文化自信中,构建更能被年轻一代与国际社会接受和理解的阐释体系。站在传统文化传承和发展的角度,想要中医药文化被年轻一代接受,需要构建更符合现代文化的中国体系、中国话语、中国理论。同时,还需要将这样的中国话语与其他世界文明交流互鉴,打造融通中外的中医药文化,这对于中医药文化的国际传播至关重要。

中央部委舆情工作现状、挑战及发展建议

杨斌艳　刘嘉琪　张宁悦[*]

习近平总书记在 2022 年新年贺词中提出"民之所忧，我必念之；民之所盼，我必行之"，这是对党的人民立场的高度概括，是对党的性质宗旨的生动表达。网络舆情工作，是践行党"以人民为中心"的价值理念的真实写照，是塑造主流舆论新格局，数字化赋能宣传思想工作的有机组成。部委的舆情工作在数字化赋能下，践行"听民声、察民情、汇民智、解民忧"，在塑造宣传舆论环境、服务人民迫切需求、引导舆论、化解风险方面起到重要作用。

舆情工作是政务工作和宣传工作的融合，是贯彻落实"想群众之所想，急群众之所急，解群众之所难"的民情基础，是民生工程、民心工程。而网络舆情天生具有大数据、人工智能

---

[*] 杨斌艳，中国社会科学院新闻与传播研究所副研究员、网络信息与智能传播研究室副主任、传媒调查中心主任，中国社会科学院大学新闻传播学院硕士生导师，研究方向：舆情与社会治理、新技术与传播、青少年网络行为与网络文化；刘嘉琪，中国社会科学院新闻与传播研究所助理研究员、传媒调查中心副主任，研究方向：数据科学与舆情分析、社交媒体与用户心理行为；张宁悦，中国社会科学院大学硕士研究生，研究方向为网络舆情、青少年网络文化。

中央部委舆情工作现状、挑战及发展建议

等新技术特征,是数字化赋能宣传思想工作与主流舆论新格局的集中体现。舆情治理生动地体现了多主体共同参与的"扁平化点面共治"新格局,体现出人机协同、人机融合下的新工作机制。

总的来看,各部委非常重视舆情工作。在各项政策指导下,基于长期工作实践和实际需要,形成了各自的舆情监测应对、舆情处理治理的一系列工作体制机制,并取得一定成效,同时也存在一些困难亟待解决。

一 部委舆情工作现状和一般机制

网络舆情工作起源于2008年年底,2009年开始出现最早的社会化舆情服务。各级政府机构是网络舆情服务和产品需求的重要对象,中央部委是最早的舆情服务和产品的开拓者。2009年,政法系统就开始了网络舆情的日报工作。经过十多年的探索实践,各部委基本形成了自己的舆情监测应对体制机制、网络舆情工作队伍、舆情应对处置机制。随着舆情工作在了解民意民情,解决群众急难愁盼,推动政务主动改革,防范化解社会风险等方面发挥着越来越基础和重要的作用,各部委也越来越重视舆情工作,不断加大舆情工作投入、强化队伍建设、完善体制机制。

(一)舆情工作的一般机制:较为完善、运转通畅

各部委舆情工作一般由主管新闻宣传工作的司局负责(如

办公厅、政研室等），具体工作则由下属事业单位承担（宣传媒体、信息中心、综合业务等），并通过购买第三方服务（社会化的舆情服务机构）的方式获取技术和基础业务支撑。部委一般按照自己的业务职责，持续进行自己职能和领域内的舆情监测、编制报告、分析研判，并设有舆情处置应对、应急舆情处理的工作组，部领导层一般安排一人专门负责重大舆情的处置。

很多部委已经建立了内部的舆情日报、专报的编撰和报送机制，每日舆情报告会送达部领导以及部里相关核心部门。内部各司局之间一般会有舆情协调和协同报送、研判、处置的一些机制和制度。很多部委还建立了重大舆情、应急事件的内外协同、多方共治的机制。

（二）监测层面：外部技术＋内部人工

从舆情监测的硬件和平台基础来看，各部委的舆情监测工作形式大致相似，一般采用外部技术平台，或者云端账号模式，或者进行本地部署，并进行定制性的开发。一般数据抓取、计算、分析等需要大量存储和算力的部分，基本上是通过外部技术和力量的支撑解决的。

在监测系统的使用方面，主要采取"技术＋人工"的方式，依托购买的网络舆情监测系统进行全过程监测或外包给数据公司进行数据抓取，同时配合人工研判。部分单位开发了专属的舆情系统进行监测，更具有针对性。在人员安排上，除了部里安排专人负责做舆情监测工作，各部委普遍还需要技术公司的人员辅以帮助,保证监测的实时性和数据的完整性。

(三)分析研判层面:常规监测与应急监测互相配合

舆情平稳时期,进行常规监测,通过日报简要反映各类舆情信息;在重要的时间节点,会依据经验提前进行风险研判,安排应对举措,必要时给中宣办、网信办去函商请关注;如遇重大突发事件,则启动应急监测,配合涉事司局进行加密监测和预警等。各部委已形成多种舆情产品,如快报、专报、日报、周报、月报等,既能满足日常的信息汇报工作,也有助于形成专门的案例库归档总结。

以农业农村部为例,办公厅指导信息中心做好国内外舆情监测和预警,实时监测境内外重要媒体网站、平台舆情信息。2022年"三农"领域舆情较多,部领导更加重视舆情工作,特批在信息中心原有舆情监测处的基础上,新增成立舆情调研处。目前舆情产品从简到繁、从综合到专项,有系列简报十余种,包括日报、专报、专刊、季报、年报等,既涵盖了日常热点工作问题,也纵向梳理总结了涉农政情、社情、民情,满足各类需求。

(四)舆情应对与处置:提前预判,化解风险

日常的舆情监测,多种报告的常规工作,使各部委越来越熟悉本领域的舆情规律、风险点以及民意焦点、民众诉求和重要的时间节点和事件关键点。这些长期有规律的日常舆情工作,为舆情应对提供了重要的保障，甚至在很多时候成为研判风险点、化解舆情风险的参考和依据。把工作做在前面，把问题扼杀在苗头，成为部委舆情工作的特征，也成为政务治理和沟通民众的重要得力的好帮手。

以农业农村部为例，他们定期梳理"三农"领域舆情风险点，每月调度更新，强化重要时期风险排查，紧盯主要风险点并细化了一些应对措施办法。如发生重大舆情，预警发出后，办公厅牵头相关司局、信息中心等单位组成研判处置组，对舆情走势、性质特点、影响程度等综合研判。以国家发改委为例，发改委"月度+实时"更新关键词库，有利于根据热点动态调整监测重点；在各司局发布政策、文件、通知前，要研判舆情风险，形成舆情风险评估预案的材料，以附件形式一同上会审议。以教育部为例，其将舆情监测和舆论引导工作紧密联系，积极运用在各社交媒体平台上开设的政务号进行引导宣传。为了在舆论引导和舆情处置上的主动权，部分单位建立了专门的网评员队伍，由系统内工作人员组成，积极评论、引导舆论。

二 部委做舆情工作的成绩和经验

（一）化解社会风险，收获宣传思想工作实实在在的成绩

部委十多年舆情工作的积累，不仅在化解社会风险、重大舆论事件上发挥了危机管理、政府治理补漏的重要作用，而且各部委已经把舆情变成了"听民声、察民情、汇民智、解民忧"

中央部委舆情工作现状、挑战及发展建议

的重要途径，积极通过舆情监测对治理进行改进和完善，通过舆情研判分析，提前化解社会风险，通过舆情的妥善处理，为政府赢得了信任、权威，甚至赞誉。

舆情工作就是"走网络群众路线"，在大数据舆情监测、分析研判下，赋能政府治理、赋能民情民意挖掘，就是党"以人民为中心"的价值和理念的践行。通过"知民情、解民忧，民所盼、我必行"的实实在在的工作，为党和政府赢得了宣传思想工作最大的成绩，是得民心、聚力量，形成同心圆的贯彻落实。

（二）积累了大量的数据和经验，服务下沉

经过十多年的垂直领域的数据积累和模型训练的沉淀，各部委在自己的垂类上，有大量的数据积累，而且形成了针对本领域舆情特有的监测词库、数据模型等，一些部委还为自己定制开发的系统申请了软件著作权。在这些数据和经验的积累下，一些部委积极拓展为本领域各级地方政府、系统内企业等进行舆情服务的能力，尝试进行产业转化和自己拓展市场，既为本领域提供了专业的舆情服务，也为本机构的发展拓展了方向。

以农业农村部为例，农业农村部自2015年开始投入100多万元的经费，自建了"'三农'舆情监测管理平台"。这是一个集网络舆情实时监测、统计分析、研判预警、门户展示等多种功能于一体的智能化涉农舆情大数据监测与管理综合平台。平台目前已覆盖全网16万多个站点，实现了对全媒体舆情信息的

实时监测采集，年采集处理并形成有效涉农舆情数据 1000 多万条。当前，依托此平台积极拓展和探索为地方政府、农业农村垂直领域的舆情和数据等服务的产品，有利于央—地舆情应对、处置的协同，有利于本领域内更广、更多的舆情数据和行业数据的积累和开发。

（三）高效的舆情工作模式和组织机制

经过十多年的积累，舆情工作从无到有，已经逐步在各部委形成了一套高效的工作模式和组织机制，同时也培养和成长了一批专门从事舆情工作的人才，而舆情工作本身也在不断地进行改进和升级。包括监测平台和系统的迭代和升级，舆情相关敏感词库、关键词库、算法模型、领域内意见领袖等数据的持续完善和更新，使垂直领域的舆情监测更加灵敏、精准与快速。

以农业农村部为例，平台内不断更新涉农舆情的敏感词库，并对领域内意见领袖重点关注，有效做到监测的精准性与垂直性。舆情监测管理平台的建成使农业农村部的舆情监测工作有了质的飞跃，改变以往纯粹人工手动搜索的工作方式，充分利用大数据技术做好舆情信息收集与研判工作。

部委已探索形成了一套组织机构内部人员与外部技术力量和社会舆情服务支撑，协同工作、联合作业、密切配合的工作机制和模式。合作的外部公司经过了长期的磨合，有着较高的配合度和默契，也逐步成长为某垂直领域的专业机构，输出的

中央部委舆情工作现状、挑战及发展建议

平台、报告、分析判断等质量更高、时效更快、踩点更准，这些外部合作公司的成长极大地缓解了部委内部人力资源紧缺、工作压力过大的局面。

三 部委舆情工作的挑战和困难

当前，中国经济已转向高质量发展阶段，推动经济高质量发展的过程中，适应中国社会主要矛盾变化、解决发展不平衡不充分问题，有效防范化解各种重大风险挑战是必然要求。全面深化改革开放，社会各领域的矛盾冲突难以避免；增进民生福祉，必须紧紧抓住人民最关心、最直接、最现实的利益问题，着力补齐民生短板、办好民生实事，让发展成果更多、更公平惠及全体人民。从风险防范来看，国际上风急浪高，技术领域出现突破性革新，国内随着经济复苏，发展活力迸发，也突发各种意外。这些都为网络舆情治理提出了新的、更高的要求。

（一）舆情新趋势带来的风险

后疫情时代，舆情呈现出很多新的特征，主要体现在以下两个方面。

第一，部委有被动卷入舆论战的可能。国际局势快速变化、地缘政治对舆论场和国家安全的影响，在舆情层面有一定的传导作用。比如外交部、国防部、工信部、农业农村部、科技部、商务部等，与国际关系、国际政治、能源安全、粮食安全、国之重器等密切相关的部委，当前极易因为各种突发事件或者国际舆情事件，被动卷入舆论战。这对于大部分的部委来说，都是一个极大的挑战。

第二，多领域舆论舆情共振共担风险的概率增加。各部委多聚焦于自己垂直领域的舆情，而越来越多的舆情事件呈现出泛政治化、泛政府关联的特点。除了国际社会对中国意识形态层面的打压带来的影响，国内不同群体之间的价值对立、观点分化在一些事情上表现得尤为突出。不同阶层、不同利益主体，将舆情事件的影响和范围不断扩散至多级政府、多个政府部门，历史性地倒追政府责任或者制度缺陷。这些往往加大了多部门和多级政府之间舆情共振共担的风险，也给中央部委带来了挑战。

（二）部委舆情工作的困境

各部委在开展舆情工作方面存在一些共性的困难，主要体现在以下四个方面。

第一，舆情监测工作时效性要求高、综合能力要求高，而且常常需要24小时加班，时不时还需要应急，这些给具体从事该工作的人带来巨大的压力。如果考核机制、评价机制、激励机制跟不上，舆情工作的队伍和人才的持续性难以保障。

部委从事舆情监测应对工作的一般为3—4人，但由于监测内容为领域内所有信息，且一般为7×24小时监测，即使有合作的公司辅助，工作压力也较大。尤其当遇到突发事件需要增

中央部委舆情工作现状、挑战及发展建议

加敏感信息上报频率时，会更辛苦。

第二，舆情工作需要大量持续经费的投入。系统需要迭代升级、存储算力需要持续投入、外包工作必不可少的开支等，这些需要长期持续的经费投入，而且所需经费还可能随着任务量增加和业务质量提升不断地增加，一些部委在财力、人力上都捉襟见肘。

现有舆情监测系统虽然基本能全网抓取文字信息，但是对视频和音频的抓取与分解依旧难做到。由于目前很多舆情在短视频平台发酵，提升对短视频、图片、音频的监测能力迫在眉睫。

第三，外部合作机构的不确定性带来的风险。持续的外部合作机构才能带来默契的工作配合，才能形成垂直领域持续的积累。而一方面，与外部机构的合作是短期的，具有不确定性，部委可能不得不寻找新的合作伙伴；另一方面，部分单位的财务制度对持续合作的伙伴极不友好，导致合作的不稳定。而频繁更换外部合作机构，给内部工作带来压力，甚至导致工作中断。

第四，跨部委协调机制还需完善，多领域的外部专家队伍建设需要完善。舆情治理越来越需要多部门、跨部门的协作，这些机制还有待完善，或者提高效率。另外，对于舆情风险的研判需要多领域专家的支撑和参与，外部专家队伍的建设能够有效支撑部委舆情工作。

四 对策建议

尽管各部委的舆情应对工作侧重点不同，方式方法也存在

差异，但都面临一些共性问题和新的风险挑战。对此，提出以下建议。

一是指导完善体制机制，建立稳定、能干的舆情队伍。一方面减少借调的工作形式，保证舆情人员的稳定性和专业性；另一方面，完善对舆情人员的培训制度，定期组织培训。对舆情工作岗位和人员，要进行适合工作特征和成绩效果的考核和评价机制。各部委结合各自特征，要建立适配舆情工作、舆情业绩的考核体系、评价机制和激励机制。

二是提供稳定的经费保障，强化技术支撑。目前各部委对舆情工作的重要程度有着高度统一的共识，在经费紧张的情况下都尽量保证舆情工作的经费不缩减。若不能有效对舆情进行处置应对，将严重影响政策执行和相关工作的开展。在当前态势下，部委的舆情工作具有事关全局、攸关安全的重要作用，要稳定舆情工作的经费，加大部委提高新技术、大数据赋能舆情和治理的能力和水平，在部委层面的舆情对于社会风险防范、国家安全保障具有重要意义。

三是指导加强与专业机构的合作。舆情工作以大数据监测和分析为基础，需要大量的存储、算力和算法模型等技术支持，需要在政策上引导和鼓励头部企业、高科技企业对部委舆情工作在基础硬件保障、技术应用等方面的支持和支撑，尤其在攸关国家安全和舆论战层面，集中精力进行技术攻关和系统研发，关注GPT类AI技术在舆论战方面的发展，在舆情舆论、宣传思想、意识形态等方面进行国家层面的战略布局。

中央部委舆情工作现状、挑战及发展建议

四是防范舆情工作本身的安全风险。当前大部分的部委都存在自身人员队伍有限，需要第三方力量提供支撑，才能满足舆情工作的需要。但是，这些外部支撑机构，长期进行垂直领域的数据积累，以及他们以此建立的定制系统平台、模型算法、关键词库、敏感词库等，很多是通过云端服务获取，数据存储在商业机构或者大平台的云服务器上，依赖大平台的云服务和数据池。这些需要一定的法律法规来保障数据的合法、合理使用，也需要保障部委在这些数据上的权益。尤其是从"数据资产""软资产"的角度，部委方面的权益需要被明确。

五是优化外部专家团队，多领域专家助力舆情研判。如果在舆情研判层面能够做好做足工作，在出现苗头甚至没有迹象的情况下，通过提前的工作和多情境下的预案，避免产生舆情，就能将舆情事后处置减少，更多地做"掌握民情、通晓民意、汇聚民智"的工作，少发舆情、不发舆情，这将使舆情工作更高维度地提升。鼓励建立多领域、跨专业的专家团队，多进行研判分析，多进行舆情风险化解，这是对部委舆情工作更高层面的推进和助益。

舆情工作是宣传思想工作实实在在的落脚点和效能点，是社会风险防范、政府治理效能提升的基础和保障，更是数字化赋能政务和宣传的有力结合和生动实践。中央部委的舆情更是舆情中的重中之重，赋能部委舆情，也就是赋能新时代的宣传思想工作。

新媒体类

大语言模型在新闻媒体行业的应用场景与发展建议

刘嘉琪 杨斌艳[*]

近年来，中国人工智能大语言模型蓬勃发展。2023年的《中国人工智能大模型地图研究报告》显示，科技大厂、垂直行业科技企业和科研院校等创新主体积极参与大模型研发。截至目前，全国已发布了79个参数在10亿规模以上的大模型。大语言模型给新闻媒体行业带来的影响已成为中国的重要关切和研究议题，我们有必要对大语言模型的主要应用场景、实践布局情况进行全面梳理，反思大语言模型发展的困境与隐忧，并结合现实情况提出发展建议。

一 大语言模型在新闻媒体行业的实际应用场景

大语言模型（Large Language Model）是一种由海量数据训

---

[*] 刘嘉琪，中国社会科学院新闻与传播研究所助理研究员、传媒调查中心副主任，研究方向：数据科学与舆情分析、社交媒体与用户心理行为；杨斌艳，中国社会科学院新闻与传播研究所副研究员、网络信息与智能传播研究室副主任、传媒调查中心主任，中国社会科学院大学新闻传播学院硕士生导师，研究方向：舆情与社会治理、新技术与传播、青少年网络行为与网络文化。

新媒体影响力报告（2023）

练而成的人工智能模型，具有强大的语言生成能力、上下文学习能力、知识获取能力和自主创作能力。目前，一批通用大模型和少量专用模型正向新闻媒体行业加速渗透，并在以下业务场景中展现优势。

（一）新闻选题策划环节：高效理解舆情热点，全网收集新闻线索，预测选题效果

过去从业者策划选题的途径主要有以下三种：一是挖掘舆论热点，通过观察线上或线下的社情民意，选取民众重点关切的事件话题；二是检索开源线索，依托专业数据库、搜索引擎定向检索某些关键词或主题类别；三是人为判断，依据经验锁定合适的选题。针对上述方式，大语言模型给从业者的选题策划工作带来了便利：（1）高效理解隐藏在各种信源中的"民意"，通过自动化分析生成具有逻辑性、连贯性和可读性的选题参考报告；（2）通过"交谈"指挥AI在全网搜索特定关键词及相关线索，减轻人工跨域检索的工作量，降低不同背景从业者使用检索工具的能力要求；（3）通过算法预测新闻选题的传播热度、演变态势，辅助从业者决策，提升选题精准度。在业界，不少科技公司在此方面做出了探索。比如，清博智能公司"先问——融媒体版"大模型结合自有舆情系统，能实时检索最新的热点事件，提供融合数据、图表、网页链接等情报的参谋方案，并预先评估某条新闻在网络上的传播趋势，指导选题。知乎大模型"知海图AI"能抓取社区内优质问答的重要观点，经

大语言模型在新闻媒体行业的应用场景与发展建议

过自动整理、聚合、润色后将回答梗概展现给从业者，使其更高效地了解热门问题的关键信息，帮助新闻选题。腾讯云智能内容生产平台，基于市场动态跟踪及用户画像分析，帮助用户提升全方位选题的洞察能力，快速生产出符合市场喜好的新闻内容。广东广播电视台开发了"米斗报料"服务平台，即应用于突发事件、消费维权、侵权投诉、公共设施/服务等领域的用户报料产品，鼓励民众自发提交报料内容，进驻平台的记者可根据报料线索进行专题报道，简化了传统媒体机构的报料采集和内容生产之间的流程。

（二）新闻调研分析环节：承担机械性强、重复性高、有"模板"可循的基础性分析工作

大语言模型的通识能力能够辅助从业者进行报道前期的预调研和线索加工，比如完成信息汇总、外文资料翻译、列访谈提纲、访谈语音转录、新闻摘要总结、PPT制作等相对机械性强、重复性高、有"模板"可循的基础性分析工作，这将使新闻生产者的工作重点转向更深层次和更多维度的观点分析。当前，许多大语言模型在此方面的完成度已经相当高。例如，阿里达摩院通义大模型旗下的"通义千问"和"通义听悟"可以帮助完成语言对话、文案创作、数据分析、列提纲、语音转文字、多语言同步翻译、总结关键信息、列章节脉络等操作。钉钉目前已接入"千问"模型，其中的智能机器人斜杠"/"作为创意助理，能够帮助从业者完成写文案、生成海报、美化排版等工作。再如，华为云盘古大模型拥有"智能文档搜索"功能，可应用于类案检索、新闻素材整理。WPS也接入了华为云盘古大模型，能够协助开展前期工作。科大讯飞星火大模型也具有相似的功能模块，节约了从业者开展基础性分析工作的成本。

（三）媒体内容创作环节：提供创作灵感，提高内容质量和传播效果

以前媒体内容质量的高低取决于创作者的职业素养和能力，大语言模型正从智能新闻写作、图文生产、视频制作、视觉加工等方面快速突破，语义理解深度和信息处理准确度不断迭代优化，推动媒体内容创作的范式革新。比如，百度"文心一言"大模型打通了从"文生文"到"文生视频"的业务流程，通过文字驱动可无门槛地开展跨模态智能解析、文学创作、新闻稿生产、海报制作、视频生产工作，使文本处理效率提升30倍。百度还联合电影频道节目制作中心发布了业内首个影视行业智感超清大模型"电影频道—百度·文心"，全方位提升视频修复效率，为用户带来更加清晰绚丽的超清画面和更震撼的观感体验。腾讯智能创作助手"文涌"具有多维度文本补全、多风格文本润色、例句推荐、文本纠错、云输入法、跨语言例句检索等功能，帮助写作者开阔思路，提升创作水平。腾讯云智能内容生产平台还能通过内容智能识别、特征提取和用户偏好分析，自动生成智能封面、智能集锦、智能视频等，降低编辑人员的工作量，为平台降低30%的成本。具有相似功能的大模型还包

括新华社的"快笔小新"、360 GPT 大模型产品矩阵中的"360智脑"、昆仑天工3.5、网易伏羲大模型"玉言"、竹间智能的魔力写作、濮舟科技的孟子、秘塔科技的写作猫等。

（四）媒体内容审核环节：识别风险因素，建造维护意识形态安全的"战斗堡垒"

大语言模型支持下的文字识别、图像识别以及图像审核技术可应用于媒体内容审核场景，由机器对显而易见但费时费力的偏差信息进行初筛，再由人工对一些无法完整识别的内容进行二次审核，能够提高工作效率、精简媒体的人员构成、降低新闻生产的成本。目前，已有许多主流媒体积极尝试自主研发内容审核模型，建造维护意识形态安全的"战斗堡垒"。比如，在广东省，南方报业集团参与研发省政务网站监控预警平台，及时检查并清除互动回应差、空白栏目、图文错误、错链断链等问题，并开发出用于新闻稿件发布前校对信息的内部自动化系统，可根据党中央和上级单位最新文件要求实时更新校对任务库，识别出政治术语错误、敏感词、前缀不当、顺序错误等问题，并自动给出相应的修改提示。广东广播电视台还针对视频、图片等多媒体内容打造"秒鉴多媒体内容识别系统"，能够快速锁定风险内容（如劣迹艺人、落马领导、"台独"标志、不良意识形态等敏感信息）出现的位置、秒数并预警，已实现超99%的内容审核准确率。上海澎湃"清穹"系统的内容风控智能模块也致力于帮助澎湃新闻自动完成多级内容审核，目前

新媒体影响力报告（2023）

在图文、视频及音频等领域的应用较为成熟。

（五）新闻播报环节：利用数字人突破时空局限，实现 7×24 小时播报自由

与真人播报新闻相比，数字人具有如下优势。一是节约边际成本。数字人不再需要额外支出直播场地、化妆师、服装等运营费用，人力物力资源大大减少。二是时空无限制。数字人能实现 7×24 小时播放，大大减轻了主播因工作强度而带来的身体负担。三是形象内容可控。数字人可以根据传播者和受众需求，自由切换形象、声音、场景等元素，保持形象稳定、内容新鲜，且不受外部环境和情绪等因素干扰，准确把握播报时长和内容，精准控制播报效果。四是互动性强。数字人可以实时智能互动，在线回答用户问题和响应用户需求，依据用户心理和收听偏好进行内容推荐，从而提高媒体的黏度和参与度。在业界，商汤科技"日日新 SenseNova"大模型旗下的"如影"AI 数字人视频生成技术具有强大的泛化能力，仅需手机拍摄的一段 5 分钟的真人视频素材，就能生成动作、表情、口型与真人相似度高达 90%—95%，且会 100 个国家和地区语言的数字人分身。商汤科技近期还发布了场景和建模 AI 生成工具"琼影""格物"，与"如影"配合应用于商业广告、直播间、短视频等场景，能有效提升媒体内容生产速度和传播效果。腾讯智影数字人播报平台输入文字即可生成数字人主播视频，将传统视频制作流程中的人工处理时间减少 90% 左右。利用这一模型，已成功制造出《人民日报》新媒体两会报道数字主播"任小融"、上海人民广播电台长三角之声数字主播"长小姣"及冬奥会和王者荣耀 KPL 比赛的手语数字人。

（六）内容分发环节：借助物联网全方位洞察用户行为习惯，细化用户画像

在物联网传感器的协助下，大语言模型可以采集到连接网络的任何物体的动态数据，这有助于更精细化、实时化、立体化建立用户画像、预测用户兴趣点，实现分发算法的迭代升级。华为利用终端云服务强大的软硬协同优势，制定的"1+8+N"全场景智慧战略，有望在内容分发领域大展拳脚。"1 个太阳"指的是手机，"8 个行星"指的是平板、TV、音响、眼镜、手表、车机、耳机、PC 八大终端，各设备间形成完整的数据采集系统，实现千人千面的个性化资讯分发。

二 大语言模型在新闻媒体行业的发展困境与隐忧

通过梳理大语言模型在新闻媒体领域的整体布局情况，不得不承认，当前国内真正训练成功并能落地应用的专用模型较为稀缺，大多数大模型仍是通用大模型的延伸品或原有智媒体系下的 AI 技术应用。若希冀面向新闻媒体的专业化大模型加快问世，则难以避开以下实际困难之处。

新媒体影响力报告（2023）

（一）如何在保证数据安全的前提下，打通"媒资库"语料资源来训练专业化大模型？

目前，业界仅有少数主流媒体和科技企业投入较多精力研发新闻媒体行业专业化大模型。这一现象背后，除了专业化大模型的建设和维护需要巨大的专用资源，还牵涉专用语料库的积累与打通机制问题。实际上，当下新闻媒体垂直领域行业的优质训练语料可能存在于各机构的媒资库中，比如封面新闻与华为联合打造的智能媒资平台，涵盖了视频、语音、用户行为等多模态前台和后台语料库。但基于数据安全的顾虑，这些平台的优质语料不可能全部共享、公开，如果只使用其中部分公开的语料进行训练，专业化模型难免会以偏概全。因此，各语料库平台及其背后的技术公司、媒体机构之间的数据协调和安全保障机制仍需进一步完善。

（二）如何在涉及意识形态安全的领域，降低偏差内容输出的概率？

大语言模型是一种基于深度学习算法的"黑箱"模型，输出结果的本质是在多个备选答案中随机抽取的、概率化的、无法预测的内容，外界无法在技术上通过参数调整、代码指令直接控制大语言模型的相关行为。这种概率化结果是内容创作"灵感"的来源，但对于容错率低的意识形态安全领域是难以接受的。尤其是在主流媒体新闻报道、价值观引导、认知舆论战等实践中，如何规避偏差内容输出风险也是需要解决的重要问题。

（三）如何在有缺陷的学习语料中，避免加剧媒体工作者的认知偏见？

国外多项基于政府官员的实证研究表明，官员们不会盲目信任算法给出的决策建议，但当AIGC生成的决策建议与其想法或刻板印象相符时，他们就会倾向于采纳该决策建议。相似地，社交网络上的文本数据存在各类偏见与歧视（如性别、种族、地域、文化等），大语言模型在学习进化过程中难免会受到语料本身的影响。也就是说，AI所模仿的可能是自身并不完美而有缺陷的"人"，如果媒体工作者过度依赖大语言模型输出的结果进行决策，那么将可能固化和强化既有的偏见和歧视，影响到特定人群的切身权益，加剧社会的不公与鸿沟，有违公众的基本道德期待。

（四）如何在"无痕"造假的信息环境中，解决内容审核、辟谣、调查取证难题？

多模态学习能力成为许多大语言模型的标配，机器能够按照指令自如地生成文字、图片、视频形态的假新闻。后真相时代，民众很容易被"有图有真相"的谣言蒙蔽，媒体从业者和政府管理人员也难以辨别真假。在调研中，许多内容审核人员表示"在半年前，许多机器伪装的留言'一眼假'，很容易被识破。但近期，越来越多的内容根本分不清是人还是机器，很难处理，也很难溯源"。除了谣言，虚假信息还将从三个方面带来严重影响：（1）政治宣传中，虚假信息（如为政客换脸并篡改演讲内容）成为信息战中诋毁政党、挑拨内部矛盾的"新武器"；（2）调查新闻取证中，用虚假视听资料作为无法证明、不可查实的"假证据"给证据系统带来冲击，如嫌疑人可能声称一段真正的有罪视频是伪造的"假事实"，类似的套路还会被用于严重罪行的伪造物证中，甚至被用于某段真实历史事件的篡改中；（3）网络欺诈中，"熟人圈"语料训练下的大语言模型催生出"以身边熟悉、可信之人的熟悉方式误导人"的新策略。针对网络名人、微博大V、社群领袖等有较大影响力的关键意见领袖，在输入一定的标杆语料后，大模型能够模仿特定的语言风格进行内容生产。不同于常见的电话诈骗、邮件钓鱼，这种模仿将是全方位的，包含话语结构、用词特点、图像等，与真人实际发声过程高度相似，容易误导公众。

三 对策建议

（一）加快建设面向专业数据的"无人化"可信平台，破解隐私保护与数据要素流动相悖之局

想要缓和新闻媒体领域专业部门的隐私保护原则与训练专用大语言模型的数据要素流动需求之间的冲突关系，可考虑由国家数据局牵头，联合中宣部、应急管理部、国家广播电视总局等部门，在体制内建设存放新闻媒体隐私性数据的可信计算

平台和管理机构,并从以下四个方面入手,实现安全与发展共存。一是以"数据不动程序动"为核心方法:可信计算平台作为模型参数的加工训练场,只接收程序的运行,编程人员无法跟随进入调阅数据,从而可以保护裸数据不被获取以保护隐私,这就可以允许程序(模型)在全量环境中"无人化"运行。二是以"数据可用不可见"为辅助模式:构建程序调试环境,为程序员提供支持编程的数据样本,即"数据沙箱"。供调试的数据样本是平台以全量数据为基础、经过变换构造的数据,使之既足以反映出全量数据的特征以供编程人员参考,又不会泄露具体的隐私数据。三是以"分享价值不分享数据"为关键手段:采取信息过滤技术,构建一个"防水堡",确保外部程序在可信计算平台中计算之后,向外输出的只能是参数之类的宏观信息,而不能携带微观的原始数据。由此确保该可信计算平台仅以模型加工场的形式提供服务。四是以"保留所有权释放使用权"为扩展模式:将专业数据的所有权与使用权相分离,通过加密网关将数据所有者提交的数据加密,以数据所有者提供访问权限的方式,来决定哪个模型训练者可以被授予访问数据的权限。

(二)鼓励将意识形态安全监测纳入通用功能,推进多元业务场景下的分级分类预警制度

倡导各研发机构将大语言模型引入新闻媒体行业之前,应对意识形态安全原则形成基本共识,鼓励将意识形态安全监测纳入通用功能框架,建立相应的反馈、纠偏和问责制度。在新场景开发时，要预留意识形态监测算法及相关语料库的应用接口，优化多模态敏感语料库开放数据接口标准，鼓励共性技术平台和算力平台等人工智能基础设施资源共建共享以打通接入壁垒。此外，需要加强意识形态安全监测技术和多元新闻媒体业务场景的适配，推进意识形态安全分级分类预警制度，提供从业者和用户合并、删减语料库的自主选项。

（三）以严谨要求审核模型算法，进行AI向善治理的"内部"治理

目前看来，加入算法屏蔽、走AI向善路线是大语言模型发展的普遍性规律。例如，为了避免ChatGPT染上恶习，ChatGPT已经通过算法屏蔽，减少有害和欺骗性的训练输入。但这种算法屏蔽的对外表述都较为模糊，屏蔽何种内容，如何屏蔽都没有过多的对外披露。清朗网络空间是人民群众的普遍呼声与需求，企业也可以通过屏蔽不良内容减少经营成本，国家网信办联合六部门已于2023年7月发布《生成式人工智能服务管理暂行办法》，基本规定了生成式人工智能产品或服务的大体规则框架。后续相关严谨的细节要求不宜向外公布，应转为内部治理，"潜移默化"地迭代算法，以降低算法歧视和价值偏差。

（四）快速提升多模态虚假信息的鉴别能力，推动人工智能内容审核领域的大模型化

内容生产领域已经进入大模型时代，相应地，虚假信息的

"防护盾"也应该走向大模型化,要以"AI对AI"来应对内容生产的时代变迁。一要鼓励大语言模型研发机构加大对多模态虚假内容鉴别功能的投入,可综合利用区块链、电子认证签名等技术开发新型鉴别工具。二要大力促进第三方检测机构发展虚假信息鉴别、认证业务,形成完善可靠的技术监督体系。三要在大语言模型输出内容、发布在网络平台之前,内设内容审核环节,避免立即发布造成的不必要信息扩散。

(五)强化从业者人机"交谈"能力,高效发挥大语言模型的辅助作用

当前大语言模型的使用是以交互式对话为基础的,良好的"交谈"是新闻媒体行业从业者启动大语言模型能力的关键,提示语的撰写成为指挥人工智能辅助作用的重要技能。可针对不同应用场景,研发交互模板,辅助从业者与大语言模型进行精准沟通,提高输出结果的生成质量。为强化从业者的人工智能使用素养,应及早开启相关课程,编写通用实用型教材,从现有大语言模型入手,熟悉多元业务的生产流程,实现更高效的人机协同。

元宇宙赋能新闻传播业的实践与未来

周锦瑞[*]

  2021年10月28日，美国社交媒体公司脸书（Facebook）的创始人马克·扎克伯格宣布，将该公司名称更改为"Meta"。在扎克伯格的渲染下，元宇宙（Metaverse）一词短时间内成为国内外互联网行业、金融业、新闻传播业的热词。2021年也被称为"元宇宙元年"，一时间大量互联网企业布局元宇宙产业，基于元宇宙概念获得的融资达数十亿元。根据青亭网不完全统计，2022年AR/VR行业融资（含收购）总额达34.90亿美元。①

  新闻传播业是最早关注元宇宙概念的行业之一，数字技术最新变革带来的产物最先在新闻传播领域得到应用。互联网的普及推动了媒体的数字化转型，扩展现实技术也被用于新闻采访、新闻播报和新闻现场转播。在数字技术持续迭代更新的大

---

[*] 周锦瑞，中国社会科学院大学硕士研究生，主要研究方向为舆情与治理、新媒体与社会、青少年与互联网。

① 《青亭网：2022年AR/VR行业融资报告》，2023年1月18日，微信公众号，https://mp.weixin.qq.com/s/Pfrgf65 WO5ZhN5hmjf_ iiA。

元宇宙赋能新闻传播业的实践与未来

背景下，新闻传播业普遍担心以往传统媒体关停并转的现象重演，因此积极参与到数字技术的研发和使用中。元宇宙的概念也时常被新闻传播业提及，出现了全景转播、虚拟场景互动、虚拟主播等应用案例。

到 2022 年，由于资本的短时逐利性、新冠疫情冲击等因素，对元宇宙产业产出的高期望度与实际上的发展迟缓形成矛盾，资本开始回缩，中小型企业面临着资金链断裂的风险，大型企业通过裁员和部门优化来缓解压力。Meta 公司发布的财政报告显示，2022 年第二季度 Meta 公司营收 288 亿美元，同比 2021 年不增反降，Meta 公司通过裁减业务线来缓解压力。[①] 国内企业"影创科技"成立于 2014 年，号称打造"元宇宙时代的微软"。该公司于 2022 年 8 月被曝出欠薪，多人主动离职或被裁员，部分服务部门被裁撤。从目前元宇宙的落地情况来看，相关产品还不能满足用户的需求，元宇宙及相关设备的热度下降。对于新闻传播业而言，既要积极利用元宇宙与新兴技术发展带来的红利，同时也要防止陷入"唯技术论"的错误观念中。

一 元宇宙的概念界定及产业落地情况

随着手机终端趋于饱和，资本市场迫切寻找一个新的、具

---

① 百度股市通，https：//gushitong.baidu.com/stock/us－META？mainTab=%E8%B4%A2%E5%8A%A1&sheet=%E5%88%A9%E6%B6%A6%E5%88%86%E9%85%8D%E8%A1%A8。

新媒体影响力报告（2023）

有强烈需求的出口，元宇宙的概念应运而生。目前关于元宇宙的定义和概念尚无统一的定论，许多学者认为科幻作家尼尔·斯蒂芬森（Neal Stephenson）在1992年创作的科幻小说《雪崩》（*Snow Crash*）中最早提出元宇宙这一概念，斯蒂芬森认为元宇宙是"戴上耳机和目镜，找到连接终端，就能够以虚拟分身的方式进入由计算机模拟、与真实世界平行的虚拟空间"。该概念深刻影响了科技领域的元宇宙商用设备研发和学界的研究。有研究认为，元宇宙是"互联网、虚拟现实、沉浸式体验、区块链、产业互联网、云计算及数字孪生等互联网全要素的未来融合形态"。此概念是基于"未来学"对元宇宙发展前景的畅想。清华大学沈阳团队2022年发布的《元宇宙发展研究报告3.0版》提出，元宇宙是"整合多种新技术产生的下一代互联网应用和社会形态"，并且在概念中纳入了人工智能、机器人、区块链等。[①]

从作家斯蒂芬森的定义到现在许多学者对元宇宙的阐释，都共同指出了元宇宙的核心要素——新兴数字技术。早在1990年，中国著名科学家钱学森就曾对虚拟现实技术（Virtual Reality）进行定义，虚拟现实技术是指用科学技术手段向接受的人输送视觉的、听觉的、触觉的以至嗅觉的信息，使接受者感到如身临其境，钱学森还将虚拟显示技术译为"灵境"。从定义的变化中可以看出，2021年元宇宙的概念被炒作成为热点后，人

---

① 《元宇宙发展研究报告3.0版》，2022年11月14日，微信公众号，https://mp.weixin.qq.com/s/FcpxeF_0q4SWXU qhi7tVPQ。

元宇宙赋能新闻传播业的实践与未来

工智能、大数据、云计算、区块链、仿真机器人等概念都被纳入"元宇宙"这个词汇中。其含义被无限拓展，几乎所有新兴技术都被称为元宇宙中的技术，这其中还夹杂着对虚拟货币的商业炒作。美国修辞思想学家肯尼斯·伯克（Kenneth Burke）提出了辞屏的概念："语词所形成的辞屏像一个滤网一样，对所谓的'原本现实'进行了过滤处理，从而为受众构筑了认知世界的'荧屏'般的视界。"将新兴数字技术统一到"元宇宙"下面形成概念集合体，构筑出了一个理解新兴技术的"荧屏"。但是从新闻传播业持续发展的角度出发，还需要对元宇宙概念进行再定义，划清不同新兴技术的界限，从赋能产业发展的视角看待元宇宙真正可落地的部分。

现有的数字技术所能支持的元宇宙，是一种基于新兴数字技术生成的虚拟现实场景，用户通过扩展现实技术支持的可穿戴设备与虚拟现实场景产生互动。扩展现实技术（Extend Reality）包含虚拟现实（Virtral Reality）、增强现实（Augment Reality）、混合现实（Mix Reality）技术，当前市场上主流可穿戴设备主要以 VR 设备和 AR 设备为主。虚拟现实技术可以创造一个虚拟场景，用户通过可穿戴设备链接至场景中进行社交、学习、工作和娱乐，代表设备有美国 Meta 公司旗下的 Oculus Quest 系列产品和中国字节跳动公司旗下的 Pico Neo 系列产品。增强现实技术是将现实场景中不存在的虚拟物或信息叠加到现实场景之上，从而加强对现实世界的感知，代表设备有美国苹果公司的 Vision Pro 产品。混合现实技术旨在融合虚拟内容和真实

61

场景，提供虚实相融的交互性体验。扩展现实技术以现实世界为蓝本进行编辑和再造，但本质上是一个模拟的虚拟环境。综上，可以认为元宇宙是一个依据现实世界模拟的可编辑的虚拟场景。

基于上述对元宇宙的再定义，本书将众多数字技术与元宇宙的技术区分开。元宇宙的技术专指搭建与链接虚拟环境的数字技术，而非人工智能、大数据、云计算、区块链和移动互联网等新兴技术的大合集。当下OpenAI公司研发的ChatGPT大型语言文字模型是人工智能领域的成功案例，区块链则在金融交易与信息追溯方面发挥了重要作用。人工智能、区块链等数字技术早就有相关的研究和落地的案例，将这些数字技术都归类到元宇宙中，不仅会使元宇宙的概念界限模糊，还存在对大众的误导，不利于元宇宙技术长远发展。

知名国际数据公司IDC（International Data Corporation）于2022年12月发布了《全球增强与虚拟现实支出指南》，预测中国VR/AR总投资规模将于2026年超过120亿美元。[①] 另据该公司发布的《全球季度可穿戴设备跟踪报告》，2022年全球可穿戴设备出货量达到4.9亿台，远高于2020年和2019年的水平。[②] 尽管元宇宙的概念在ChatGPT面世后遇冷，但可穿戴设备的销售量一直较为可观。随着可穿戴设备用户群体逐渐扩大，

[①] 《前景广阔，位列全球首位——未来五年中国AR/VR市场支出复合增长率近42.2%》，2022年12月9日，微信公众号，https://mp.weixin.qq.com/s/uyefRO_06IJrEWdb-RHydQ。

[②] 《全球四季度出货量再下滑，全年可穿戴设备出货量首降》，2023年3月16日，微信公众号，https://mp.weixin.qq.com/s/2J3gUOcoM3t3fJUD5XMgFw。

元宇宙赋能新闻传播业的实践与未来

设备拥有者对内容的需求日渐增多。可穿戴设备作为应用层面的具身设备，同手机、电脑一样是链接人和虚拟场景的终端。作为硬件的终端，最终需要大量软件应用和内容来完善可穿戴设备的使用生态。这种应用和内容的需求将为新闻传播业带来新的发展机遇。

元宇宙对新闻传播业的影响主要在应用层面，新闻机构有大众传播过程中所需的平台、渠道、用户基础，可以生产大量优质内容，虚实相融的场景可以带来更多传播方式、内容上的改变，赋能新闻传播业的变革。虚拟现实技术在新闻传播领域运用广泛，如还原新闻现场和新闻事件、进行全景科普及数字图书馆的展览、宣传传统文化和旅游风景。可穿戴设备打破了以往手机终端传播信息量、还原度的限度。增强现实在职业技能培训、教学实操训练等方面发挥着作用。混合现实通常被用于文化娱乐产业，如春晚、中秋晚会等大型舞会都采用混合现实的场景播放给观众，诸多游戏、互动式影片也在积极使用混合现实技术。

二 传媒行业元宇宙典型案例

从 2021 年元宇宙的概念成为各行业焦点到 2023 年热度退去，新闻传播业落地了一些基于新兴数字技术的元宇宙项目，新闻报道的形式更加丰富，出现了一批虚拟主播和 AI 主播，体育、文化旅游、知识科普等领域也都有"元宇宙＋新闻传播"

63

的落地案例。通过整理和分析新闻传播业元宇宙项目的运营案例，有助于探索未来"元宇宙+新闻传播"长期的、良性的发展路径。

（一）创新新闻融合报道的形式

新闻报道主要以文字、图片和视频为主，但此类新闻报道形式传递的信息量有限，通过镜头和文字所感受到的新闻场景只是新闻事件的一个切片。在元宇宙技术的加持下，更多丰富的信息可以被加入新闻报道中。2023年全国两会期间，新华社客户端重点打造"元宇宙·职业新体验"系列报道，在对人大代表郁伍林的采访中，录制和后期制作运用了3D MAX（3D建模渲染和制作软件）、MAYA（三维动画软件）、CG（计算机视觉设计和生产）和增强现实等多种技术，真实、全景地还原了郁伍林代表的乡村振兴故事。该系列视频在全网累计触达量近5亿次，是一次将元宇宙技术应用于新闻场景的成功实践。①

（二）虚实结合的虚拟主播和AI主播

虚拟主播运用动作捕捉技术将人的动作、表情投放到虚拟形象进行直播，具有制作成本低、无须露脸、可替换的优点，目前被广泛运用在直播带货和娱乐直播中。例如，Steam游戏平台上的VTube Studio软件，支持用户根据需求创建自己的虚拟

---

① 齐慧杰等：《新技术赋能重大主题报道创新——以新华社"元宇宙·职业新体验"两会报道为例》，《新闻战线》2023年第8期。

元宇宙赋能新闻传播业的实践与未来

主播，并应用于游戏、社交媒体、直播平台等领域。AI 主播是依靠人工智能技术和虚拟现实技术生成的完全虚拟的人物，可以实现全天候的自动新闻播报。目前许多新闻媒体都制作了专属的 AI 主播，如新华社的 3D 版 AI 合成主播"新小微"、人民日报的 AI 数字主播"任小融"、央视频仿真主播"AI 王冠"等。虚拟主播和 AI 主播的出现，为新闻传播业提供了更具科技感的报道方式，增强了新闻报道的视觉体验。

（三）实现体育转播的深度沉浸式体验

后疫情时代，众多体育赛事陆续恢复举办，在日益追求精神文明建设的整体环境中，人们对体育赛事的关注程度相较于以往更高，为观众呈现更优质、体验感更强的现场转播画面成为体育新闻从业者的首要目标。国际体育赛事现场观看路途遥远、成本较高，大多数体育爱好者只能通过互联网设备在线观看。基于 XR 技术的可穿戴设备具有天然的优势，电视、手机等终端无法全方位地还原比赛场景，单屏幕显示有明显的局限性。通过可穿戴设备，用户可以体验多角度观看、即时回放、比赛信息投射等功能，不同用户甚至可以在虚拟大厅进行互动交流，极大地满足了用户对体育观赛沉浸式体验的需求。字节跳动公司旗下子公司 PICO 通过 VR 视频应用"PICO 视频"直播了 2022 卡塔尔世界杯的全部 64 场赛事，从社交媒体用户的分享和讨论来看，这次体育赛事的 VR 转播得到了许多用户的认可，达到了良好的效果。

（四）基于文旅产业的元宇宙项目

文化和旅游部2021年6月4日发布的《"十四五"文化和旅游发展规划》提出："发展线上数字化体验产品，鼓励定制、体验、智能、互动等消费新模式发展，打造沉浸式旅游体验新场景。"在后疫情时代，文化旅游产业快速复苏，结合扩展现实技术的沉浸式体验成为众多文旅新项目的亮点，扩展现实技术的沉浸式、游戏化的体验相比于以往博物馆展览式的体验有着更强的互动性，游客和用户的参与积极性强。全国多地陆续推出多项优质的"元宇宙+文旅"项目，上海豫园商城于2023年迎新年活动中推出了"云游山海奇豫记"元宇宙灯会，通过增强现实（AR）技术结合实景吸引游客打卡，东方明珠广播电视塔、南京东路等多地也建设了虚实结合的文旅场景。湖南张家界景区在2022年10月推出"张家界星球"测试版，应用5G、UE5游戏引擎开发、云端GPU实时渲染等技术还原张家界景区，为景区的宣传推广发挥了作用。

（五）科普与知识传播新体验

民众接受科普和知识传播，通常是通过视频、文字和图片的形式，单向输入的传播形式容易产生倦怠感。元宇宙提供的虚拟场景为科普和知识传播带来游戏互动的新体验，在寓教于乐中开展知识传播。2023年2月28日，淘宝联合敦煌博物馆推出元宇宙全新开放世界"明日之境"3D博物馆，用户可通过虚拟形象与动画版壁画进行互动，在游戏中了解敦煌的历史知识，感受敦煌壁画的魅力。法国巴黎博物馆积极与可穿戴设备厂商合作，在2021年6月推出基于增强现实技术的沉浸式展览，展览使用微软公司旗舰产品HoloLens 2，将剑齿猫、渡渡鸟、罗德里格斯巨龟、象鸟等灭绝生物"复活"，为参观者科普生物学知识。

三 "元宇宙+新闻传播"的挑战与未来

从已实现的案例来看，未来新闻传播业可以积极运用元宇宙概念下的各种产物，着眼于元宇宙场景下应用层的完善及内容生产。技术层面，要解决元宇宙可穿戴设备的核心难题和"卡脖子"问题；媒介组织层面，需要传媒业积极利用数字化转型的机会提升自身竞争力，为新闻媒体持续注入活力；受众层面，以用户为导向打造受欢迎的元宇宙产品；内容层面，可以扩展至更多领域，尤其是在教育和培训领域的优质项目要持续推进；效果层面，要注重元宇宙项目落地实际情况，及时调整资源使用。

（一）解决技术领域的核心难题和"卡脖子"问题

美国传播学家埃弗雷特·罗杰斯（Everett Rogers）在《创新与扩散》一书中提出了创新生命周期理论，该理论将新事物的应用普及率从低到高分为狂热的创新者、早期采用者、实用主义的早期大众、保守主义的晚期大众、落后者五个阶段。① 以创新扩散的理论衡量元宇宙的扩展现实技术和虚拟场景的应用，目前处于早期采用者迈向实用主义的早期大众阶段。回看手机终端的优化和普及历程，被认为是智能手机开端的 iPhone 4 在 2010 年发布，经过十余年的发展才实现丰富的手机硬件、软件和内容生态。追溯至 1973 年美国摩托罗拉公司发明的"大哥大"，则经过了整整 50 年的发展历程。2012 年 4 月，谷歌公司发布的 Google Project Glass 通常被认为是 VR、AR 等设备研发的起点。从谷歌眼镜开始算起，可穿戴设备也只经历了十年左右的发展时间。从新技术发展和应用的规律来看，元宇宙及相关技术还需要漫长的发展周期才能迭代发展完善，现在的重点工作是克服诸多技术难题而非畅想元宇宙的最终形态。

当前元宇宙可穿戴设备的研发还需解决下述难题。第一，XR 设备是众多数字技术的结合产物，移动互联网、云计算、芯片等基础技术制约着虚拟场景的画面完善度。第二，具身设备的适配性有待提升，在设备使用过程中产生的生理眩晕问题和近视人群佩戴不适的问题都有待解决。第三，相关企业缺乏完整的供应链，芯片商的垄断带来高昂的设备成本，整机设备的销售价格居高不下。同时，在技术不断更新完善的过程中，也需要重视技术伦理的问题。现实场景的高度还原是否会造成虚拟与现实界限的模糊，新闻价值较高的灾难性新闻是否能采用

---

① 方兴东、钟祥铭：《元宇宙批判——以技术创新和数字化的本质与初心为视角》，《社会科学辑刊》2023 年第 3 期。

元宇宙赋能新闻传播业的实践与未来

沉浸式报道的方式？对于技术与人的关系还有待随着技术发展的过程进一步探讨。

（二）传媒产业进行自我数字化升级再造

在新媒体环境下，移动互联网技术的发展和手机终端的普及改变了新闻传播的模式，以 UGC＋PGC 为代表的生产内容更加适应新媒体下的传播环境。随着 XR 可穿戴设备的普及率进一步提升，虚拟场景下的新传播场景有着可观的商业发展潜力，社交、游戏、影视、学习等需求具有庞大的、潜在的经济红利。从传媒业的新媒体转型过程来看，部分媒体由于其庞大体量难以快速进行体制机制上的转变，传统媒体关停并转的现象一直持续。元宇宙概念中的数字技术带来的新传播场景红利，为具有专业人才队伍、完整组织架构且熟悉新闻传播规律的新闻媒体带来新的发展机遇。新闻媒体机构应当积极引入数字技术人才，与科技企业、产品研发企业合作，完成数字化升级的过程，在虚拟现实、增强现实、混合现实及虚拟数字人的内容生产方面走在前列。同时，传媒机构在引入数字技术的同时，也要考虑到技术引进过程中的经济成本，在具体执行过程中需要因地制宜。

（三）以用户思维推进产品高质量供给

元宇宙及相关技术在落地的过程中，不宜盲目地跟风投入，要从用户思维出发思考相关产品投入市场的反应和用户真正的需求，从而实现元宇宙产品的高质量供给。传播学家伊莱休·卡兹在1974年发表的《个人对大众传播的使用》中提出了"使用与满足"理论，用户会根据需求主动接触媒介，媒介接触的可能性和媒介使用印象会影响用户的后续媒介使用行为。在既往元宇宙项目落地的过程中，通常从用户娱乐的需求方面考虑，其呈现方式为虚拟现实游戏及全景影片等，但元宇宙创造的虚实相融的场景还有更为广阔的应用空间。针对用户社交需求，可以支持多用户异地同空间的会谈，将2D的网络平面会议拓展为全景会议，提升线上会议的真实性。对于用户的知识学习需求，增强现实技术可以帮助用户解析现实场景的物品，虚拟现实技术可以提供可锻炼的实习场景。通过元宇宙产品的高质量供给形成用户黏性，才能实现可穿戴设备的销售量提升。

（四）"元宇宙＋"模式探索优质内容生产

从传媒行业已经落地的典型案例可以看出，"元宇宙＋"已经遍及文旅产业、知识科普、影视、游戏和社交等多个领域。随着元宇宙配套软件的不断优化，会有更多团体和个人创作者加入其中，基于元宇宙虚拟场景的内容生态将不断完善。"元宇宙＋文旅"项目助力地方文化和旅游产业宣传，在深度沉浸式体验中领略中国传统文化；"元宇宙＋科普"帮助各地博物馆完成数字化转型，用户足不出户就可以感受科技与文化的熏陶；"元宇宙＋娱乐"项目为可穿戴设备用户提供更多休闲消费选择，推动第三产业持续发展。此外，元宇宙在教育和培训领域有着广阔的前景，如医学生的虚拟手术练习室以及交通事故模拟等，基于元宇宙提供的仿真虚拟场景，给予强实践性职业的工作人员上手练习、操作的机会，可以让受培训者提前了解真实职业环境中的风险，增强受培训者的直接操作经验。

（五）从落地效果出发持续优化资源使用效率

元宇宙产业的发展是一个持续的、不断调整的过程，根据各个项目的落地效果进行动态化调整，能够使相关资源得到最大限度的利用。元宇宙概念被关注之初，非同质化代币（NFT）曾经成为资本竞相追逐的焦点。随着腾讯旗下数字藏品平台"幻核"永久关停、热门虚拟货币Luna币做空持有者财产，虚拟货币和数字藏品逐渐从人们的视野中淡出。2021年9月，中国人民银行发布了《关于进一步防范和处置虚拟货币交易炒作风险的通知》，国内的主流NFT交易平台随之规范经营管理行为，有效阻止了虚拟货币和数字藏品的炒作乱象。① 在元宇宙未来的发展中，需要继续根据落地效果持续地、动态地调整资源使用，防止商业泡沫和话语陷阱误导市场发展方向。

---

① 《关于进一步防范和处置虚拟货币交易炒作风险的通知》，2021年9月15日，中国政府网，https：//www.gov.cn/zhengce/zhengceku/2021－10/08/content_ 5641404. htm。

主要参考文献

曹月娟、赵艺灵：《智媒体技术在重大主题报道中的应用创新》，《新闻论坛》2022年第3期。

陈昌凤、黄家圣：《"新闻"的再定义：元宇宙技术在媒体中的应用》，《新闻界》2022年第1期。

陈刚：《元宇宙背景下媒体如何深度融合》，《传媒》2022年第14期。

陈吉栋：《超越元宇宙的法律想象：数字身份、NFT与多元规制》，《法治研究》2022年第3期。

程金华：《元宇宙治理的法治原则》，《东方法学》2022年第2期。

冯文波、张丽、刘玉松：《元宇宙赋能媒体深度融合：创新路径、主要挑战和潜在风险》，《中国广播电视学刊》2023年第3期。

李晓楠：《网络社会结构变迁视域下元宇宙的法律治理》，《法治研究》2022年第2期。

刘昊铭、吴欣怡：《超越与融合：元宇宙技术在新闻传播中的应用与发展趋势》，《传媒论坛》2023年第13期。

刘亚东：《我们为什么要办元宇宙新闻与传播学院 新媒介 新开端 新赛道》，《上海广播电视研究》2023年第2期。

彭茜：《元宇宙如何赋能新闻报道创新》，《中国记者》2022年第3期。

齐慧杰等：《新技术赋能重大主题报道创新——以新华社"元宇宙·职业新体验"两会报道为例》，《新闻战线》2023年第8期。

杨红岩、潘辉：《我国元宇宙研究领域的科学知识图谱分析》，《图书馆建设》2023年第2期。

张艺敏、陶吟秋、牛明洋：《元宇宙技术背景下体育服务产业的新闻传播的应用探索》，《文体用品与科技》2023年第12期。

章玲：《全媒体传播体系中的广播电视方向——访中国社会科学院新闻与传播研究所所长、中国社会科学院大学新闻传播学院院长胡正荣》，《广播电视信息》2023年第3期。

朱晓杰、张乃琼：《元宇宙对新闻业的解构与重塑》，《新闻爱好者》2023年第4期。

AIGC 时代社交机器人赋能传媒行业的新路径及风险防范

刘嘉琪　闫佳琦[*]

在生成式人工智能（以下简称"AIGC"）技术加持下，社交机器人不再只是"人的延伸"，而是逐步变为具备人格属性的"人"。它们超越了工具属性，获得越来越多的社会角色，成为传媒行业信息生产、聚合与分发过程中的关键变量。但正如习近平总书记指出的，科技是发展的利器，也可能成为风险的源头。鉴于社交机器人的革命性、颠覆性、未知性和风险性，重新认识社交机器人在传媒领域的新应用形式及其背后风险是 AIGC 时代无法回避的问题。

一　社交机器人在传媒行业的新角色

目前，学界倾向于将社交机器人视作通过自然语言交互生

---

[*] 刘嘉琪，中国社会科学院新闻与传播研究所助理研究员、传媒调查中心副主任，研究方向：数据科学与舆情分析、社交媒体与用户心理行为；闫佳琦，中国社会科学院新闻与传播研究所助理研究员。

AIGC 时代社交机器人赋能传媒行业的新路径及风险防范

产内容并与真人用户产生类人际互动的智能机器人。[①] 它们可能不完全拥有"物理化身",大多只是虚拟账号、智能算法程序,却能够遵循社会行为和规则与人类或其他主体进行互动或交流。[②] 社交机器人在新闻生产、政治传播、传媒经济与管理、科学传播、健康传播等细分领域的应用越来越广泛,承担着传播者、生产者、管理者、咨询师等多重社会角色,开创了"人机共生"的传播新格局。

在新闻生产领域,社交机器人在内容创作、个性推送、互动对话等方面的应用越来越常态化。内容创作方面,其自动高效生成多样类型的新闻稿件,从简讯到深度分析,从图文新闻到音视频合成,满足编辑的多样化需求。个性推送方面,其不仅能够实时监测多渠道的信息源,还可以通过智能分析和筛选,提取出与特定主题或事件相关的关键信息。如《华盛顿邮报》与 CNN 均推出聊天机器人(Chatbot),为用户打造定制化新闻,以优化用户信息接收流程。互动对话方面,新闻对话机器人能够与用户互动,增强用户的参与感与阅读黏性。例如,BuzzFeed 的 BuzzBot 机器人向用户发送新闻并持续更新,以轻松互动的方式吸引年轻受众,并在聊天问答中收集用户反馈及新闻素材。

在政治传播领域,社交机器人既为民主参与和信息传递提

[①] 简予繁、黄玉波:《人机互动:替代还是增强了人际互动?——角色理论视角下关于社交机器人的控制实验》,《新闻大学》2023 年第 4 期。

[②] 陈心怡、毛明芳:《社交机器人的风险问题及其治理》,《湖南行政学院学报》2023 年第 2 期。

供了机会,又可能导致虚假信息和操纵的风险,对政治生态产生了深远影响。[1]其一,社交机器人在选举竞争中可以分析社交媒体上的政治言论和用户观点,为政治候选人和团队提供参考,帮助制定更有针对性的竞选策略。其二,社交机器人在国家舆论战中发挥着双重作用。政府和政治团体可以利用机器人推广政策、阐述观点,加强对目标受众的影响。然而,也存在使用机器人来扩散虚假信息、误导公众的风险,影响舆论格局。其三,社交机器人也可能被用于意识形态渗透。政治势力可以通过机器人在社交媒体上传播特定的意识形态、政治观点,影响公众的思想和态度。

在传媒经济与管理领域,社交机器人涉及商业营销传播,应用范围涵盖了形象塑造、市场推广、客户互动等多个方面。首先,社交机器人通过模拟真人对话、传递特定信息,可以强化企业所希望传达的品牌价值,营造积极的企业形象。例如,服装连锁品牌H&M推出的聊天机器人,可以提供搭配建议并引导用户浏览和购买服装。其次,社交机器人在市场推广中具有潜力。机器人可以根据用户的喜好、行为数据等,个性化地为用户提供推荐、促销信息,从而提高广告的精准度和用户参与度。例如,化妆品零售商丝芙兰(Sephora)开发的Virtual Artist社交机器人,允许用户上传照片并模拟尝试唇膏、眼影、假睫毛等化妆产品以促成购买。最后,社交机器人也可用于与客户

---

[1] 郭小安、赵海明:《作为"政治腹语"的社交机器人:角色的两面性及其超越》,《现代传播》(中国传媒大学学报)2022年第2期。

AIGC 时代社交机器人赋能传媒行业的新路径及风险防范

互动和客户关系管理。通过实时的在线互动，机器人能够为客户提供支持，增强客户满意度和忠诚度。例如，万豪酒店推出社交机器人，回答用户酒店预订、入住等信息，帮助提供个性化的旅行建议。网约车巨头 Uber 也在加紧人工智能聊天机器人的开发，在细分赛道完善其用户服务。

在科学传播领域，社交机器人融入创新教育，可以承担起导师、同伴和监督者等角色，为学习者提供个性化和多样化的学习体验。一方面，社交机器人可以充当个性化亦师亦友的角色。机器人作为导师，可以通过分析学习者的兴趣、学习风格和需求，定制课程内容和学习计划，提供个性化的指导和建议。同时，社交机器人也可以扮演同伴的角色。它们可以模拟真实的学习环境，与学习者进行对话和互动，促进合作学习和讨论。另一方面，社交机器人在监督、反馈、评估等方面具有潜力。它们可以跟踪学习进度、提醒任务截止日期，帮助学习者保持学习动力和纪律。机器人的监督也有助于自我管理和时间管理。通过分析学习者的回答、作业等，机器人可以及时评价学习效果，帮助学习者发现和改进自己的不足。例如，Duolingo 推出语言学习机器人，根据学习者的水平和兴趣，提供相应难度的对话内容，促进语言学习的互动性和趣味性。

在健康传播领域，社交机器人不仅有助于提升群众的健康意识、传递健康知识、促进积极健康行为，还在老人、儿童及各类病患群体的情感治疗等方面带来了创新型健康服务。其一，社交机器人通过模拟人类情感和交流，可以提供安慰、支持和

新媒体影响力报告（2023）

鼓励等正向情感反馈。旨在帮助用户处理焦虑和抑郁情绪的社交机器人 Woebot，可以提供认知行为疗法、情绪调节技巧等，在临床环境测试中取得了积极效果。其二，社交机器人在老年人陪伴方面具备独特价值，旨在陪伴老年人的社交机器人 ElliQ，可以提供日程管理、提醒服药、播放音乐等功能，帮助老年人保持社交联系和日常活动，减轻空巢老人的孤独感。其三，社交机器人也能在特殊儿童疗愈中发挥作用，提供可预测和结构化的社交互动。服务于自闭症儿童的社交机器人 Kaspar，可以通过传感器及系列反应，模拟真实社交情境，帮助培养自闭症儿童的社交和沟通能力。其四，社交机器人可以帮助医疗专业人员实现更有效的治疗。例如，在康复训练中，机器人可以作为患者的"虚拟顾问"或"电子医助"，监测患者病情进展，加速其康复进程。

二 人机共生背后的传媒生态恶化风险

乌尔里希·贝克曾预言："伴随技术选择能力增长的，是它们的后果的不可计算性。"社交机器人的极速发展和广泛应用加剧了传媒生态被有意破坏的风险，只有彻底认识、厘清其背后的隐忧，才能在促进和享受科技进步的同时预防、降低和避免损失和危害，防止陷入技术决定论误区。具体而言，当前社交机器人引发的核心威胁问题，主要包括以下五个方面。

（一）社会风险：大批"智能水军"生产"迷雾"信息，垄断真实信源，营造虚假"共识"

社交机器人可在短时间内炮制大量相似的虚假信息来淹没异质性信息，降低民众与真实信息的接触面，导致民意的被动趋同。[①] 具体表现为模仿人类语言习惯，塑造虚假的意见领袖与"群众呼声"干预民众决策、利用粉丝水军营造虚假人气、推送垃圾政治信息混淆视听等。在娱乐传播生态中，粉丝们可控制千万个社交机器人账号，为"爱豆"刷榜单数据，壮大粉丝"队伍"，营造"爱豆"非常受欢迎的假象。粉丝利用社交机器人制造的关于该偶像的数据越多，就越有可能被爬虫工具搜集到并当成"热点"展示给更多的用户，社交机器人的信息就能实现有意无意地渗透进路人粉丝或其他用户创作的内容中去。在国际传播中，也出现了类似的虚假事件。2022年北京冬奥会期间，推特平台出现大量所谓的"外交抵制"冬奥会言论，就出自日本（51%）、美国（30%）、加拿大（9.2%）的机器人账号。在所有监测社交账号中，这些机器人账号占比高达22.2%，操纵了24.8%的推文。

（二）政治风险："碰瓷"社会矛盾，刺激偏见群体，刻意制造分裂

用于政治操纵的社交机器人被称为政治机器人。拥有智能算法的政治机器人能够冲出国界线，成为国际舆论争夺中的主力，

[①] 许加彪、王军峰：《算法安全：伪舆论的隐形机制与风险治理》，《现代传播》（中国传媒大学学报）2022年第8期。

将国家间的博弈转变为政治机器人操纵下的舆论博弈。① 面对国际舆论场上缺乏足够分析辨别能力的海外民众，政治社交机器人经常将围绕具体事件出现的态度与意见矛盾，叠加到社会结构中的职业、性别、阶层、地域、宗教、种族等顽固矛盾之中，目的在于激化社会冲突、制造对立。有学者指出，叙利亚战争或许是首次有数字机器人介入的现代战争，认为叙利亚安全部门利用了大量政治机器人对反对势力进行舆论干预，并阻碍记者通过推特（Twitter）获取战争动态信息，干扰媒体和国际用户视听。② 政治社交机器人还恶意将"种族灭绝"话题附着在中国冬奥会议题上，使用相关标签的推文占比高达40%。多达43个机器人账号将"运动员""女性""奥运会"关键词结合，以女权宣言为由，借题发挥对中国进行抹黑。另外，在脸书、推特平台的涉华话题中，影射中国政体属性的#CPP、#CCPChina和#antiCCP，影射中国人权问题的#Chinazi和#antiChinaz，以及在经贸上抵制中国的#boycottchina等引导性话题，多有社交机器人参与。③

（三）伦理风险：利用情感动员进行柔性欺骗，软硬兼施制造道德困境

后真相时代，情感或先于事实，或与噪音共同形成事实，

---

① 张洪忠、段泽宁、杨慧芸：《政治机器人在社交媒体空间的舆论干预分析》，《新闻界》2019年第9期。

② Michelle Forelle et al.，"Political Bots and the Manipulation of Public Opinion in Venezuela"，CoRR，2015，abs/1507.07109.

③ 师文、陈昌凤：《分布与互动模式：社交机器人操纵Twitter上的中国议题研究》，《国际新闻界》2020年第5期。

AIGC 时代社交机器人赋能传媒行业的新路径及风险防范

情感争夺成为认知竞争的重要战场。在"数字冷战"中，社交机器人既能依靠数量优势形成刚性认知垄断，也能借助情感动员产生柔性情感欺骗，软硬兼施形成战略优势。在俄乌冲突中，乌方社交机器人账号规模、发文速度及推文数量均大幅超越俄方，乌方还在社交机器人中植入大量情感动员程序以在目标人群中渲染特定情绪，目的在于塑造自身良好形象及俄方的负面形象，由此迅速在国际舆论场中形成对俄的认知包围局势。例如，俄乌冲突爆发当天，一则标题为"一名乌克兰父亲在与俄军作战前，与女儿挥泪诀别"的假新闻视频在推特及 YouTube 上大肆传播，迅速引发西方舆论对乌方的同情及对俄方的谴责。

（四）认知风险："反话正说"设置连环套路，触发"逆火效应"

信息场域中常存在"逆火效应"，即"辟谣或说服观点常常会导致人们更加相信谣言或更加坚信原有观点"的非理性现象。[①] 社交机器人故意迎合"逆火效应"，对民众认知进行"反向"干预。比如，社交机器人会以引人注意、夸大其词的形式，专门对目标意见进行"驳斥"，在此过程中与社交机器人立场不一致的民众，反而更容易采取评论或点赞等显性行动表达自己对该"反驳意见"的反对，由此正中对方下怀，深化了民众对目标意见的"认同"。这一套路早在奥巴马竞选过程中就已被察

---

① 熊炎：《解释警示逆火效应是醍醐灌顶还是火上浇油？》，《新闻与传播研究》2019年第1期。

新媒体影响力报告（2023）

觉，美国有选民质疑奥巴马出生地，直接动摇了其参选资格。后续奥巴马阵营虽然拿出了出生证明扫描文件以证清白，却引发了更大的质疑与批判，成为两党的重要博弈点。由此诞生的英文名词"birther"，意为"质疑奥巴马出生地的人"，还被收录进牛津词典，争议在奥巴马整个任期都未间断。

（五）隐私风险：冲破信息安全底线，侵犯用户隐私

在互联网和大数据时代，数据是"高价值商品"，信息安全和隐私保护是突出问题。在算法与社交机器人的合谋中，常伴随着由信息挖掘、信息倾诉、信息交换等导致的个人信息泄露风险。[①] 特别是在社交机器人成为用户的朋友并赢得信任之后，它可以进一步获得更高权限，获取更多用户"秘密"信息。例如，在健康传播场景中，医疗信息具有极高的敏感性和特殊性，在各种利益的驱使下，健康信息已成为隐私泄露的重灾区。在干预治疗过程中，社交机器人需要记录和分析患者的相关信息，学习患者的行为模式。一旦这些信息泄露，不仅可能对患者的健康、财产等造成损害，更可能促进非法研究的进行。在辅助科学传播的家庭教育情境中，社交机器人与孩子及其家庭成员长时间共处，关系紧密，能够深入挖掘家庭成员的心理、身体、社会网络等多重信息。在待机状态下，社交机器人也能实现监听和监控。

---

① 高山冰、汪婧：《智能传播时代社交机器人的兴起、挑战与反思》，《现代传播》（中国传媒大学学报）2020年第11期。

AIGC时代社交机器人赋能传媒行业的新路径及风险防范

三 AIGC反向推动社交机器人进化的"路线图"

科技的发展是不可逆的，在AIGC的加持下，需警惕社交机器人将从以下五个方面不断强化自身信息传播与干预能力。

第一，大语言模型的涌现能力增强社交机器人"学习力"，内容生成模式从基于指令的"浅层复制"升级为基于训练的"深度创作"。当训练语料规模足够大时，会"涌现"出以往小模型所不具备的自主学习和创造能力，生成内容得以跳出模板化窠臼，变得"博学多识"。在社交机器人学习过程中需保持清醒，一旦涉及政治的偏差内容混入境内大模型的底层训练语料中，将带来为受众潜移默化地植入不良意识形态的风险。

第二，AIGC的上下文关联能力提高社交机器人"沟通力"，沟通叙事风格从"千篇一律"转变为"因人而异"的人格化表达。AIGC依据历史人机交互信息和上下文内容能灵敏地感知用户特定偏好和对话语境，帮助社交机器人强化对沟通对象和当下情境的理解。还能根据即时人机对话反馈，不断动态改进社交机器人的表现能力，令其更灵活地使用词汇和语法结构，在沟通中增强连贯性和准确性，从而生成更"逼真"的舆论信息。

第三，AIGC的多模态创作能力强化社交机器人"传播力"，生成信息类型从"单一形态"跃升为"复合形态"。AIGC在处理文字、图像、音频、视频等多模态数据方面的优异表现，更加适应社交机器人跨境、跨平台、跨语种对话的灵活需求。通过搭配文字推文、图片展示、视频分享的"组合拳",提升图文结合、声情并茂的传播效果,显著增强舆论宣传工作的感染力。在认知战中,该技术常被用于伪造公众人物言论、官方通报等信息。需警惕社交机器人利用技术侦破的时间差,引发虚假信息的大规模扩散,造成舆论欺骗、扰乱社会秩序的后果。

第四,AIGC的跨情景投放能力培育社交机器人"谋划力",博弈策略从"零散化行动"进阶为"战略化布局"。AIGC具备时序逻辑梳理和策略规划能力,通过分析海量多源异构数据,能够综合评估目标对象"是否容易被影响""是否适宜相应投放方式"等一系列属性,有利于辅助社交机器人完成认知干扰工作的投放对象、内容编排、内容搭配、投放顺序、推送强度等战略性布局决策,极大地增强了社交机器人的工作效能。

第五,AIGC的情感计算能力形成社交机器人"共情力",情感争夺逻辑从"以我为主,强加情绪"扩展至"以你为主,推波助澜"。AIGC在情感计算方面具有强势的算法优越性,能通过对语义、语气、面部表情、肢体动作的智能动态分析,察觉个体细微的情绪状态变化,帮助社交机器人更准确地识别目标对象的情感需求,从而创造出更贴合目标群体当前心理状态的说服策略,在"共情"迷雾的助力下制造认知陷阱。

四 AIGC时代社交机器人的风险治理路向

随着AIGC技术的进步,社交机器人开启了智能时代的新篇

AIGC 时代社交机器人赋能传媒行业的新路径及风险防范

章。在社交机器人的阔步发展过程中，应该做到风险防控与科技创新的双轮驱动。既要确保社交机器人在社会道德、法律法规的约束下健康发展，也要推动科技不断向善。在传媒生态中沿着正确的轨道稳步前进，实现人机的和谐共生。具体地，可从以下几方面入手提升中国社交机器人安全保障水平。

第一，在技术层面，加强自主研发，提升中国社交机器人识别与预警能力。目前，业界最常用的检测工具主要来源于国外，如美国印第安纳大学的 Botometer。该开源工具能利用一千多个特征来评估某一社交媒体账户与已知社交机器人特征的相似程度，准确率较高。中国在此方面的技术实力较为薄弱，未来应鼓励技术研发机构加大对机器人识别技术的投入，利用人工智能、区块链、电子认证签名等技术开发新型 AIGC 社交机器人鉴别工具，从用户特征、社交特征、内容特征、网络特征、时间特征、情感特征等维度细化社交机器人账号的识别与预警单元，充分发挥技术优势，从防御端筑起舆论安全高墙。

第二，在政府层面，完善 AIGC 算法审核机制，强化舆情风险的即时响应能力。在中国，2019 年全国两会表示已将与人工智能相关的立法项目纳入未来五年立法计划，2020 年成立了国家科技伦理委员会，强化对科技伦理治理的统筹规范和协调指导。为避免基于 AIGC 的社交机器人染上恶习，国家网信办联合六部门已于 2023 年 7 月发布《生成式人工智能服务管理暂行办法》，基本规定了 AIGC 产品与服务的大体规则框架。后续相关部门应持续完善算法屏蔽和审查流程，减少有害和欺骗性的训练数据输入。同时，针对社交机器人在境内外引发的舆情风险问题，新闻宣传部门及公共管理部门应及时对虚假资讯、政治谣言或流言予以充分揭露、干预阻断，并以客观事实进行有力反击，帮助民众形成正确的政治认知和政治判断，避免政府陷入公信力受损的被动境地。

第三，在行业层面，优化AIGC和社交机器人的外部监管体系，建构舆论安全发育的良性生态。为防止研发机构或媒体平台因追逐流量变现、削减成本投入等商业利益因素而放松对不良机器人信息的把关，政府应建立健全行业监管体系，根据AIGC和社交机器人嵌入国家舆论安全体系的运作逻辑，针对算法设计、技术研发、产品应用、数据审计、内容审核等多维层面，有效压实各利益相关方的主体责任，构建相应的责任追究机制。适时对反面典型实行约谈惩戒，加大对违法、违规机构的惩罚力度，制定应对舆论风险的应急预案，以威慑效应来推动相关企业不断完善敏捷治理防控体系，为国家舆论宣传良性生态的建构夯实制度基础。

第四，在民众层面，普及社交机器人鉴别知识，重点强化信息溯源和事实核查能力。一项来自北京师范大学新媒体传播研究中心的调查数据显示，近八成（77.1%）中国网民认为有信心辨别社交机器人，这可能与当时中国社交机器人因开发程度较低、发布内容简单、行为模式单一而较易识别有关。[①] 但在

---

① 赵蓓等：《标签、账号与叙事：社交机器人在俄乌冲突中的舆论干预研究》，《新闻与写作》2022年第9期。

AIGC时代社交机器人赋能传媒行业的新路径及风险防范

AIGC赋能社交机器人快速发展、敌对势力套路百变的当下，民众能否辨认出社交机器人的存在是决定社交机器人产生多大影响的前提条件。因此，要全面加强公民媒介素养的专业教育和社会教育，令其充分理解社交机器人的运行逻辑，提高对非权威信源的警惕性，加强自主核查事实能力，消解敌对势力入侵的社会空间。

中国民众国际信息获取及国际意识

杨斌艳　周锦瑞[*]

"中国舆情指数调查"是在全国范围内对网络民意和舆情进行监测和跟踪的大型连续性抽样调查项目，该项目于2013年启动，由中国社会科学院中国舆情调查实验室承担。2013年至今，"中国舆情指数调查"累计完成指数调查共35期，完成样本累计9.6万个。2023年的调查中设置有关国际方面的内容，国际意识部分主要测量民众对主要国家的好感度、对主要国际关系的感知、对国家对外政策的评价以及民众对国际媒体的接触等，综合以上数据可以分析中国民众的国际信息获取情况和国际意识呈现。本研究使用的调查数据来源于2023年7月、10月分别进行的第二季度及第三季度调查。

调查期间，重要的外交事件持续受到中国民众的广泛关注，如美国国务卿布林肯、巴勒斯坦国总统阿巴斯访华，中国—中

---

[*] 杨斌艳，中国社会科学院新闻与传播研究所副研究员、网络信息与智能传播研究室副主任、传媒调查中心主任，中国社会科学院大学新闻传播学院硕士生导师，研究方向：舆情与社会治理、新技术与传播、青少年网络行为与网络文化；周锦瑞，中国社会科学院大学硕士研究生，主要研究方向为舆情与治理、新媒体与社会、青少年与互联网。

亚峰会在西安成功举办。中国始终秉持开放包容的态度，与世界各国积极交流，为促进全球合作而努力。杭州亚运会、"一带一路"国际合作高峰论坛等重要主场外交事件也受到民众的广泛关注。第19届亚运会在杭州成功举办，杭州亚运会是中国第三次举办亚洲最高规格的国际综合性体育赛事，是一个良好的国际传播和交流的平台。中国对外开放的步伐不断加快，"一带一路"等更多国际经济合作平台为各国带来发展机遇，为世界经济增长注入新动能。同时，国际局势错综复杂，日本核污水排海事件引发各国民众强烈不满，巴以冲突不断加剧。外交活动和国际局势影响着中国民众对各国的态度，最终反映到民众的国际意识，以及对中国国际关系的关注与判断上。

通过对中国民众国际信息获取及国际意识的研究，主要发现以下几个特点。在获取信息方面，国内主流媒体是民众了解国际局势的主要渠道，并受到民众的高度信任；青年群体的国际信息获取渠道多于老年群体；经济发达地区的人们更依赖媒体和互联网等渠道获取信息，经济发展相对较弱地区的人们更愿意通过私人关系网获取信息。在对国际媒体了解和信任度方面，英美媒体在民众中的知名度较高；青年群体对国际社交媒体了解较多，中老年群体知晓更多国际媒体；经济发达城市民众比一般地级市民众知晓更多国际媒体。在国际意识方面，民众对俄罗斯的好感度最高，且认为中俄关系现在处于良好状态；因日本核污水排海事件，中国民众对日本的好感度和对中日关系的判断、预期降至最低点；民众认为，未来国际对华舆论将得到大幅改善。

中国民众国际信息获取及国际意识

一 调查背景

（一）数据整体情况

调查的抽样设计方案如下。(1) 以地级及以上城市、18岁及以上城市居民为研究目标总体，覆盖全国 300 个设区的地、市、州、盟共 300 个城市，共计 6.5 亿人口。(2) 根据第七次全国人口普查数据和 2021 年统计年鉴数据，按照经济发展水平、人口数量、GDP 将所有地级及以上城市等分为五层。(3) 抽取样本时按照城市分层配比，并通过事后加权，使城市样本符合各层级城市和华北、东北、华中、华东、华南、西北、西南七个地理分区的人口比例。(4) 调查按照城市层级区分单双季度调查，每逢双季度，调查以第一至第四层的城市居民为目标主体，对重点城市有所侧重；每逢单季度，调查以第五层的城市居民为目标主体。

根据第七次全国人口普查数据，本研究将 300 个城市分为五层，如表 1 所示。

表 1　　城市分层抽样说明

调查季度	城市层级	城市说明
双季度	第一层	GDP 在 2.5 万亿元以上的城市（共 5 个城市）
	第二层	GDP 在 1 万亿元以上的直辖市、省会、副省级城市（共 13 个城市）
	第三层	GDP 在 1 万亿元以上的双非城市（既不是省会，也不是副省级城市，共 5 个城市）
	第四层	GDP 在 1 万亿元以下的省会、副省级城市（共 16 个城市）
单季度	第五层	其他（共 261 个城市）

资料来源：《2021 年国民经济和社会发展统计公报》。

新媒体影响力报告(2023)

双季度调查覆盖 20 个第一至第四层城市：北京、上海、广州、天津、杭州、青岛、福州、南京、武汉、郑州、长沙、西安、成都、苏州、佛山、长春、石家庄、南昌、南宁、银川。单季度调查覆盖 20 个第五层城市：本溪、松原、廊坊、晋中、阳泉、泰安、蚌埠、威海、六安、鹰潭、常州、阳江、百色、云浮、鄂州、张家界、中卫、达州、六盘水、南充。考虑第一至第四层城市的差异度高于第五层城市，第五层城市相对来说匀质性强，因此将第一至第四层城市的每期总样本量定为 5000 份，第五层城市每期调查的样本总量定为 3000 份。在 2023 年 7 月第二季度的调查中，共有 5000 份来自第一至第四层城市的调查样本；在 2023 年 10 月第三季度的调查中，共有 3000 份来自第五层城市的调查样本，总样本量共计 8000 份。

（二）人口信息特征

对 8000 份有效样本进行人口信息特征分析。样本的性别比例较为均衡，女性占比 52.9%，略高于男性的 47.1%。从年龄分布来看，35 岁以下的青年受访者有 4942 人，中老年受访者有 3058 人。从受访者的受教育程度来看，大学本科以下共有 5481 人（包含小学、初中、高中/中专/技校、大学专科），占总受访者的 68.5%；大学本科以上（包含大学本科、研究生及以上）共有 2519 人，占比为 31.5%。受访者接受过大学本科及以上教育的人数低于接受过大学本科以下教育的人数。

中国民众国际信息获取及国际意识

表2　　　　"中国舆情指数调查"样本人口信息特征　　（单位：人，%）

		受访者人数	占比
性别	男	3767	47.1
	女	4233	52.9
年龄	18—35岁	4942	61.8
	36岁及以上	3058	38.2
受教育程度	大学本科以下	5481	68.5
	大学本科及以上	2519	31.5
所在城市层级	第一至第四层城市	5000	62.5
	第五层城市	3000	37.5

二　中国民众的国际信息接触情况

（一）民众信息获取情况

1. 国内主流媒体是民众了解国际局势的主要渠道

对"民众如何获得有关国际局势的信息和知识"一项进行统计，制作图1。从调查结果中可以看出，媒体是民众获取信息的主要途径。国内主流媒体提供了大量有关国际局势的新闻报道，有81.3%的民众从国内主流媒体了解国际局势。同时，国内自媒体作为主流媒体的补充，有61.4%的民众会通过国内自媒体了解国外的信息。同时，有40.0%的受访者将互联网上的境外信息渠道作为补充，如国外的媒体、专业组织的报道，还有35.7%的民众会通过与身边亲人、朋友的交流获知国际信息。

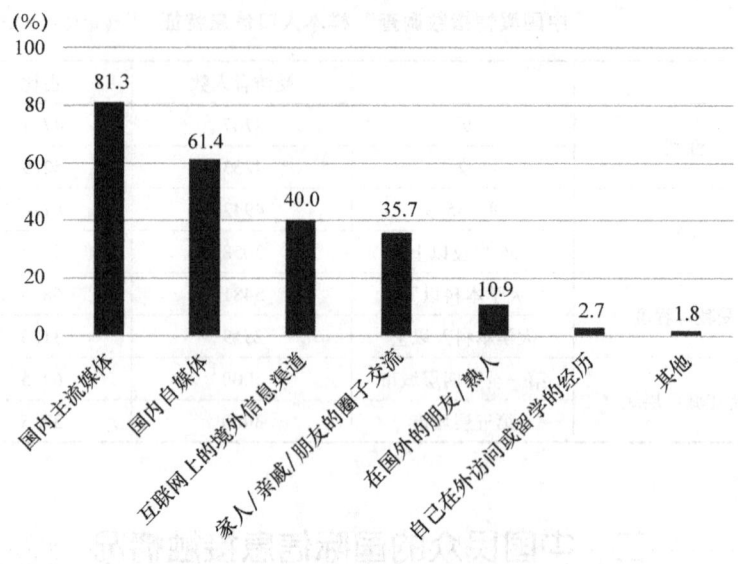

图 1　民众获知国际局势的渠道统计情况

2. 不同学历层次民众获取国际信息渠道相近

调查统计了受访者的受教育程度，将受教育情况分为两组，大学本科以下为一组（包含小学、初中、高中/中专/技校、大学专科），大学本科及以上为一组（包含大学本科、研究生及以上），对不同受教育程度民众获取国际信息的渠道进行了统计（见图 2）。从统计结果可以看出，不同学历层次的民众从较为相同的渠道了解国际局势，受教育程度不会影响民众获取国际信息所采用的渠道。

3. 民众的国际信息获取渠道存在显著的年龄差异

在调查中将 35 岁及以下受访者区分为青年群体，35 岁以上确定为中老年群体，统计不同年龄群体获得有关国际局势的新闻和信息的渠道，可以发现在渠道的选择上存在一定的差异

中国民众国际信息获取及国际意识

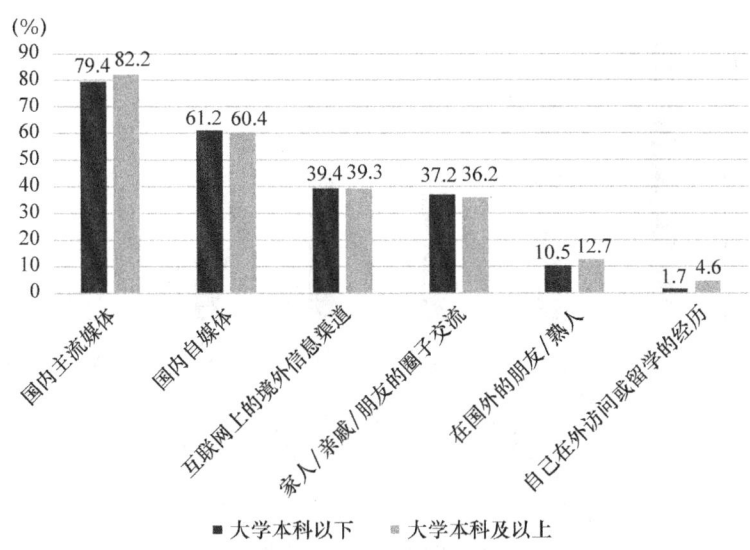

图2 不同受教育程度民众获取国际信息的渠道

(见图3)。主要差异来自国内自媒体渠道、家人/亲戚/朋友的圈子交流渠道和互联网上的境外信息渠道。中老年人偏向通过和周围社会关系近的人交流获取国际信息,选择该渠道的中老年人比例比年轻人多3%,青年人更多从国内主流媒体、互联网渠道了解国际信息,比例分别比中老年人高出2.6%和4.9%。另外,从整体获取国际信息的渠道来看,受访的青年群体选择各个选项的比例总和大于中老年群体,青年群体的国际信息获取渠道多于中老年群体。

4. 不同层级城市民众国际信息获取渠道存在差异

根据受访者所在城市的差异可以划分出两类:第一层至第四层城市(以下简称"经济发达城市")和第五层城市(以下

新媒体影响力报告(2023)

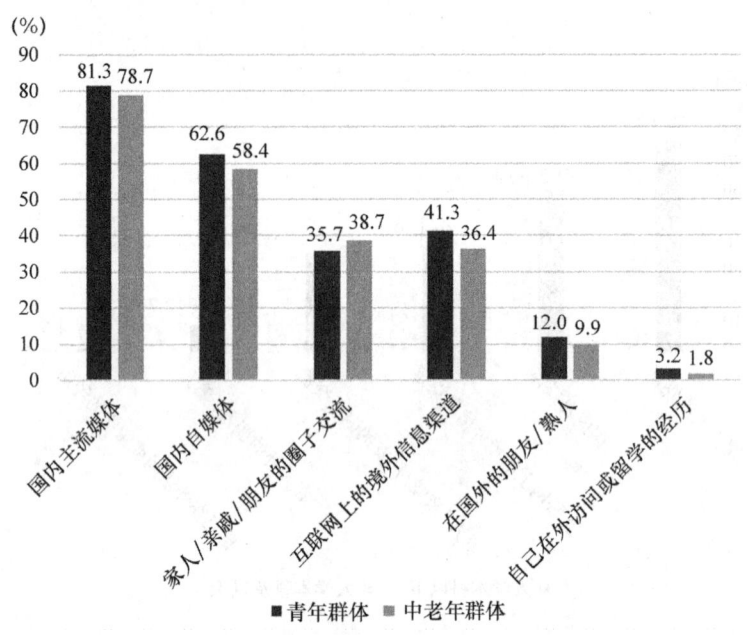

图3　年龄差异对民众的国际信息获取渠道的影响

简称"一般地级市")。如图4、图5所示，经济发达城市民众和一般地级市民众国际信息获取渠道有一定差异。经济发达城市民众和一般地级市民众都主要通过国内主流媒体和国内自媒体渠道获知国际信息，但一般地级市民众通过国内主流媒体渠道获知国际信息的比例相对较低，比经济发达城市民众低7.9%，一般地级市民众通过国内自媒体渠道获知国际信息的比例比经济发达城市民众低3.3%。

调查还发现，经济发达城市民众更偏向通过互联网上的境外信息渠道获知国际信息，比例相较于一般地级市民众高4.8%。一般地级市民众更偏向和身边的家人、亲戚和朋友等社会关系较近的人交流获取国际信息，比例相较于经济发达城市

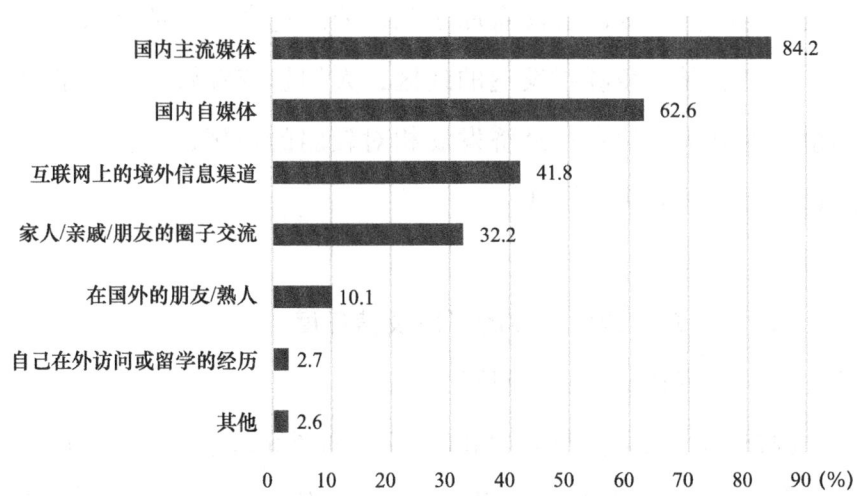

图 4 经济发达城市民众获知国际局势的渠道统计情况

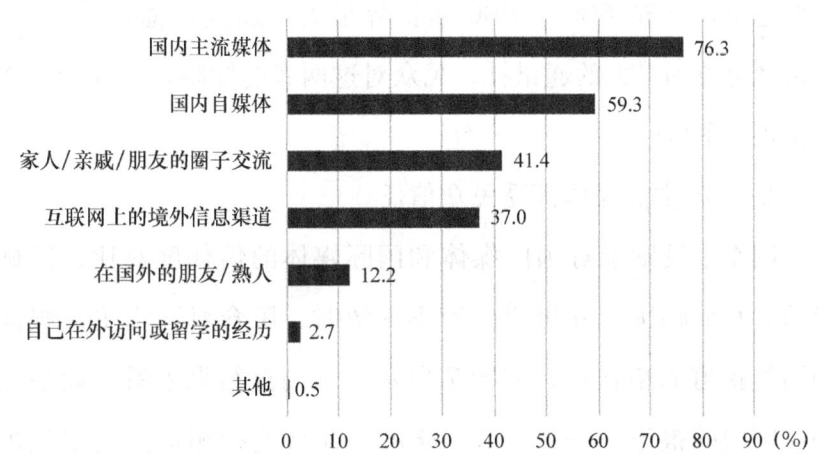

图 5 一般地级市民众获知国际局势的渠道统计情况

民众高9.2%。一般地级市相比于经济发达城市，社会关系更为紧密。经济发达城市的民众原子化、分隔化高于一般地级市民众，所以呈现出经济越发达的地区，人们越依赖媒体和互联网等组织渠道获取信息；经济发展相对较弱的地区，人们更愿意通过私人关系网获取信息。

（二）民众对国际媒体的了解及信任度

1. 英美媒体受民众知晓程度较高

调查民众对国际媒体的知晓情况，如图6所示，民众了解程度最高的五个国际媒体、通讯社或社交媒体平台为BBC（英国广播公司，52.3%）、路透社（49.1%）、《纽约时报》（48.2%）、社交媒体平台（Twitter/Facebook/YouTube/Instagram，44.5%）和俄罗斯通讯社（36.6%）。BBC是世界最大的新闻广播机构之一，路透社是英国最大的通讯社，民众对这两者的知晓程度高于网络社交媒体平台。

2. 国内主流媒体深受民众信任

调查中设置了对国内媒体和国际媒体的信任度对比，测试受访者在面临国内外报道内容不一致时，民众对国内主流媒体和国外报道的信任度，如图7所示。从调查结果来看，如果国外与国内的报道不一致，67.3%的民众会选择相信国内主流媒体，中国主流媒体比较受民众的信任，只有8.4%的民众在国内外报道内容不一致时会信任国外报道。互联网是当前舆论博弈的主战场，依靠国外互联网平台有针对性地组织对中国搞破坏

中国民众国际信息获取及国际意识

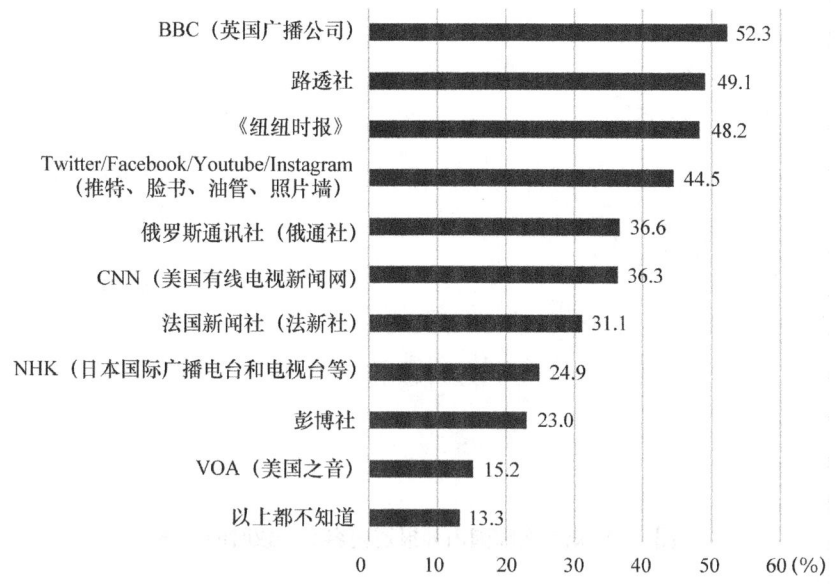

图6 民众对国际媒体的知晓情况

活动的现象频发，许多虚假信息从国外互联网平台产生并转至国内，需警惕国外机构、媒体对中国的"认知战"。中国主流媒体的信息能够得到民众的认可，有利于正面引导舆论，凝聚社会共识。

3. 不同年龄段民众知晓的国际媒体存在较大差异

调查中将35岁及以下受访者区分为青年群体，35岁以上确定为中老年群体，对比不同年龄段民众对国际媒体、通讯社或社交媒体平台的了解程度，如图8所示。研究发现，中老年群体知晓更多国际媒体，青年群体和中老年群体知晓的国际媒体存在显著差异。青年群体知晓BBC的比例比中老年人高3.8%，青年群体知晓社交媒体平台Twitter/Facebook/Youtube/Instagram

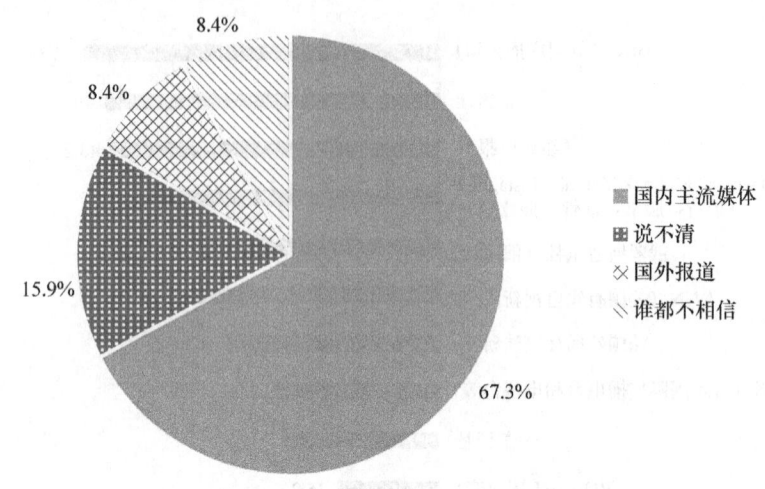

图7 民众在面临国内外报道内容不一致时的选择

的比例远远高于中老年人,相差18%。

4. 公民受教育程度影响民众对国际媒体的知悉度

将受教育情况分为大学本科以下、大学本科及以上两组,以百分制计算总体均值,从0到100为五级量表进行均匀梯度赋分,结果如图9所示。调查发现的结果与认知惯性一致,从调查中可以看出,大学本科及以上学历的受访者对国际媒体的了解程度明显高于大学本科以下学历的受访者,对某些媒体知悉的比例差值最高超过了10%。

5. 经济相对发达城市的民众知晓更多国际媒体

对调查中的民众对国际媒体的了解程度进行受访者生活城市层级的区分,分为经济发达城市和一般地级市。从图10中可以看出,经济发达城市民众对各类国际媒体、通讯社或社交媒体平台的知晓程度显著高于一般地级市民众。经济相对发达地

中国民众国际信息获取及国际意识

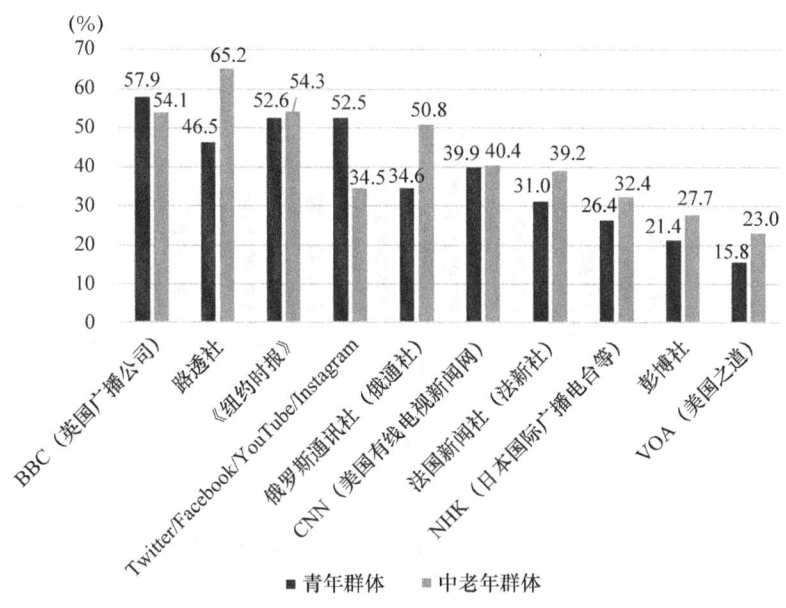

图8 不同年龄群体对国际媒体的知晓程度

区的民众有机会接触到更多国际机构，经济地位较高者也能较快掌握最新的网络使用技能，BBC、路透社及《纽约时报》等国外媒体当前主要通过互联网进行新闻报道，网络使用技能方面的领先会带来获取国际信息的领先。数字鸿沟（Digital Divide）指的是拥有信息时代的工具的人以及未曾拥有者之间存在的差异。一直以来，有关城乡之间数字鸿沟的研究较多，但从调查情况来看，不仅需要关注城乡间的数字鸿沟，还需关注不同级别城市之间民众的媒介技术使用分化差异和数字鸿沟，以及这种差异和鸿沟带来的潜在影响。

从民众对国内媒体和国际媒体的信任度对比数据来看，在国内外信息不一致时，无论是经济发达城市民众还是一般地级

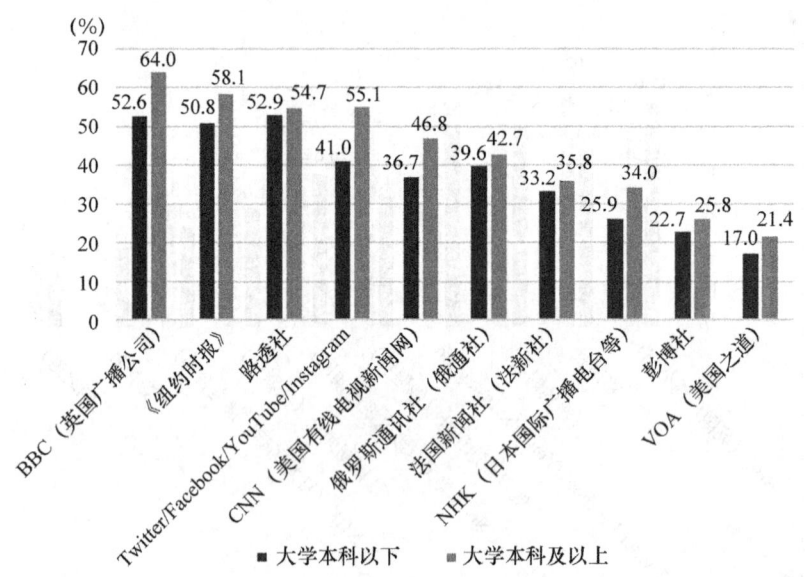

图9 公民受教育程度对国际媒体了解程度的影响

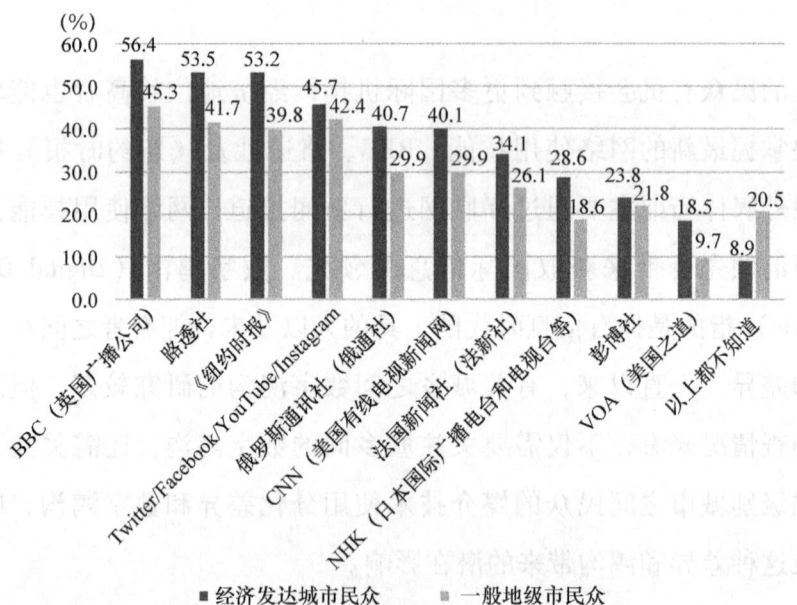

图10 城市差异对民众了解国际媒体的影响

市民众对国内主流媒体的信任度都超过60%，对国外媒体的信任度不足10%，民众对主流媒体的信任度较高，普遍不信任以西方为主的国际媒体。

三 中国民众的国际意识与国际关系判断

（一）民众的国际意识

1. 民众对不同国家的好感度存在显著分化

民众对部分其他国家的好感度测试结果如图11所示，以百分制计算总体均值，从0到100为五级量表进行均匀梯度赋分，得出民众对各国的好感度得分，得分越高的国家越受欢迎。从调查结果来看，民众对俄罗斯、德国、朝鲜、伊朗四个国家具有好感，对英国、澳大利亚、乌克兰、韩国、美国、印度和日本呈现负面情感。其中，民众对俄罗斯的好感度最高，得分为68.3分，远大于对其他国家的好感度。民众对日本的态度因核污水排海事件降至冰点，得分为19.5分，为调查历史统计的最低值，中国民众对日本政府核污水排海的决定高度关注且十分不满。值得注意的是，德国是受调查的西方国家中唯一一个受中国民众欢迎的国家。

2. 民众对他国双边关系的认知与好感度评价相近

调查针对民众对两国关系友好程度的看法进行了统计，以百分制计算总体均值，0为非常不友好，25为不太友好，50为一般，75为比较友好，100为非常友好。由图12可以看出，民

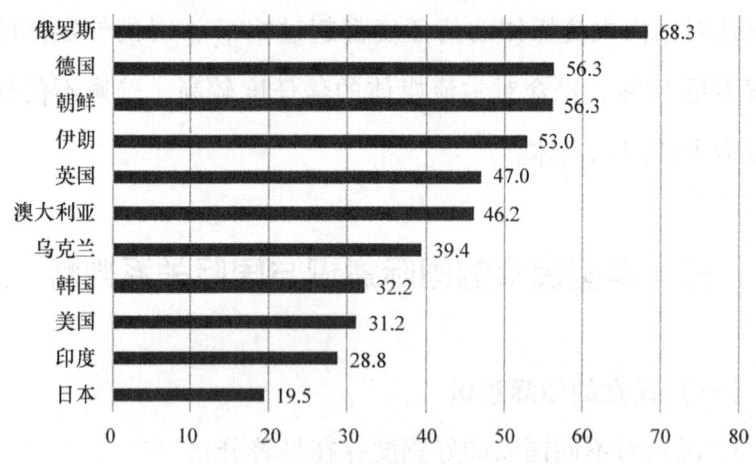

图 11　民众对其他国家的好感度

众对两国关系友好程度的判断与民众对各国的喜爱程度类似，认为与俄罗斯关系比较友好，得分为 78.2 分。民众认为中国与美国和韩国的关系不太友好，得分分别为 25.8 分和 35.4 分。民众认为中国和日本的关系最差，得分为 22.6 分，预计日本核污水排海事件将在未来很长的时间继续影响两国关系。

（二）民众对国际关系的未来预期

1. 民众对中美、中日关系前景较为忧虑

根据调查数据，将民众对未来与他国关系走向的乐观程度换算成百分制进行排序，得出图 13。可以看出，民众认为中俄关系的未来走向最为乐观，得分为 76.9 分。民众对中美和中日关系的判断最不乐观，分别为 35.2 分和 34.6 分。与前期进行的调查相比，得分基本没有变化，民众对与他国双边关系走向的判断一直较为稳定。

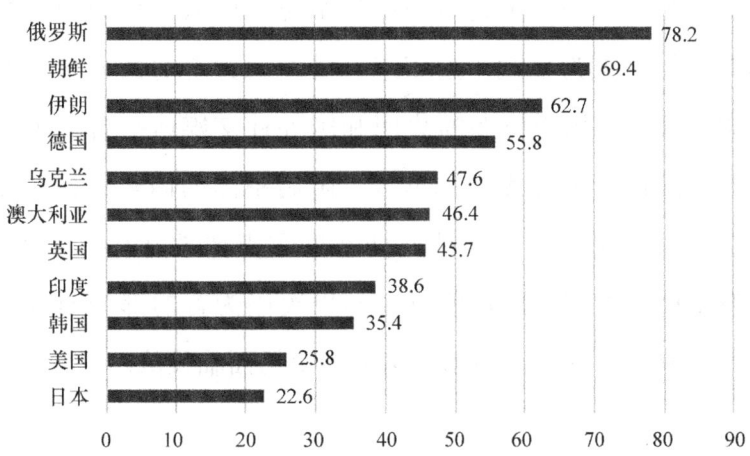

图12 民众对双边关系的看法

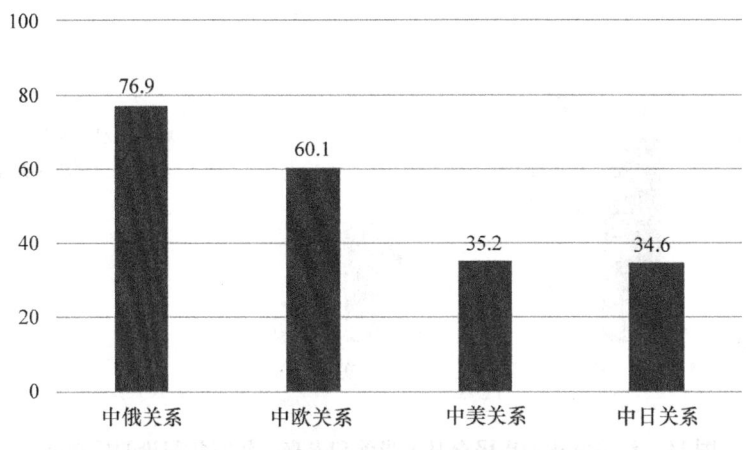

图13 民众对与他国关系走向判断的乐观度

2. 民众认为未来国际对华舆论将大幅改善

调查中统计了经济发达城市民众对于国际社会对华舆论和美国对华舆论的乐观情况,并换算成百分制(0—100分)赋分,得出的结果如图14所示。可以看到,无论是对于当前的对华舆论情况，还是未来的对华舆论情况，民众都认为国际社会对华舆论相对更为乐观。近年来，以美国为首的西方国家对华发动舆论战，利用媒体垄断集团和国外社交媒体平台的传播优势，在国际社会上抹黑中国形象，限制中国的国际传播，美国前高级情报员也表示对华战略博弈的重点要放在操纵舆论上。从调查中可以发现，民众能够感知以美国为首的部分西方国家对中国采取的舆论战，中国在国际舆论场面临挑战。

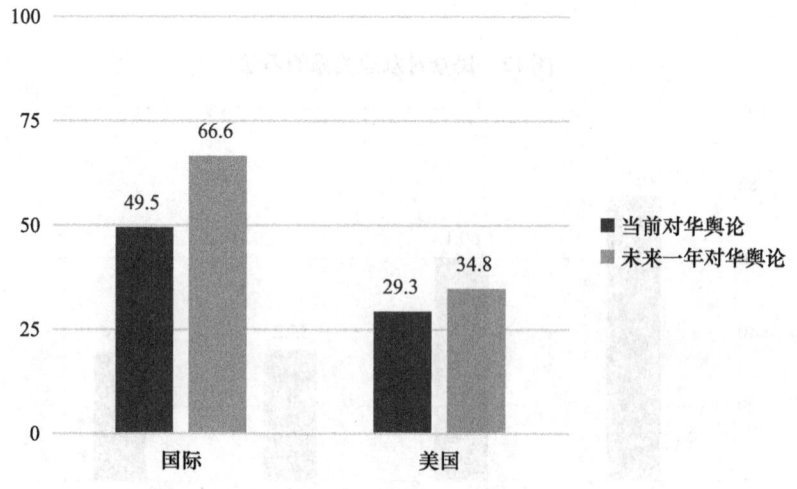

图14　经济发达城市民众对于当前和未来一年对华舆论的乐观度

（三）民众国际意识的差异化因素

1. 受教育程度影响民众的国际意识

将受教育情况分为大学本科以下、大学本科及以上两组，以百分制计算总体均值，从0到100为五级量表进行均匀梯度赋分，对比不同受教育程度民众的国际意识差异，结果如图15所示。大学本科以下和大学本科及以上的受访者对不同国家的好感度基本一致，受教育程度对民众国际意识的影响较小，学历较高的受访者对德国的好感度相对较高。

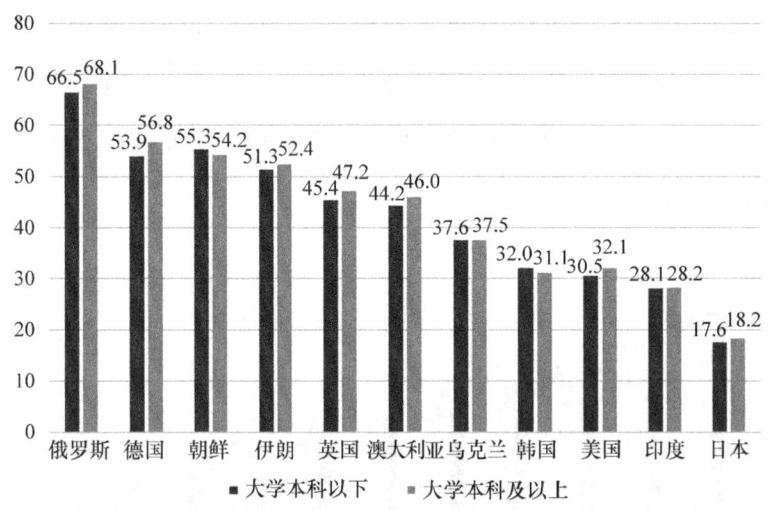

图15 受教育程度对民众国际意识的影响

2. 不同年龄段民众的国际意识存在差异

调查中将35岁及以下受访者区分为青年群体，35岁以上确定为中老年群体，对两个群体对他国好感度数据进行了统计，以百分制计算总体均值，从0到100为五级量表进行均匀梯度赋分，得出结果如图16所示。青年群体和中老年群体对俄罗斯、德国、韩国、美国、印度和日本的好感度基本一致。青年群体和中老年群体对朝鲜、伊朗、英国、澳大利亚、乌克兰的好感度存在一定差异，中老年群体对朝鲜和伊朗的好感度略高，而青年群体对英国、澳大利亚、乌克兰的好感度略高。

由于中老年人阅历较为丰富,感受过中朝两党两国老一辈领导人亲自缔造和精心培育的传统友谊,也在众多国际事件中对中伊关系有了更深的理解,因此对朝鲜、伊朗好感度相对更高;而青年群体在英国、澳大利亚和乌克兰有一定基数的留学生,好感度的提升来自青年留学生在他国留学时的民间活动,从侧面反应了与其他国家的民间互动有助于改善两国民众相互间的认知和态度。

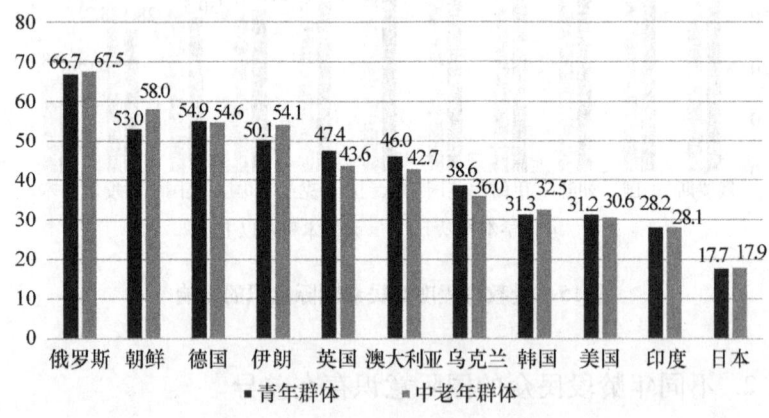

图16　年龄对民众国际意识的影响

3. 重大国际事件对民众对外态度的影响

对比两个季度的调查数据来看,民众对大多数国家的好感度和双边关系的判断都处于稳定状态,民众的国际意识和对外态度基本没有变化。基于整体数据稳定的前提,可忽略两次数据受访者来自不同城市、受访时间不同的变量差异。中国民众对日本的好感度及双边关系态度出现显著下降,日本核污水排海受到中国民众的高度关注,引起了中国民众的强烈不满。

调查针对"民众对他国好感度""民众对两国关系友好程度的看法""民众对中国和他国双边关系未来走向的判断"进行了统计计算，以百分制计算总体均值，从 0 到 100 为五级量表进行均匀梯度赋分，有关日本的相关数据如图 17 所示。综合前期的调查结果来看，民众对日本的好感度下降至历史最低点。2023 年第二季度民众对日本的好感度得分为 21.2 分，第三季度为 16.7 分，下降 4.5 分。民众认为中国和日本的关系最差，得分为 19.9 分，日本核污水排海事件将在未来很长的时间继续影响两国关系。

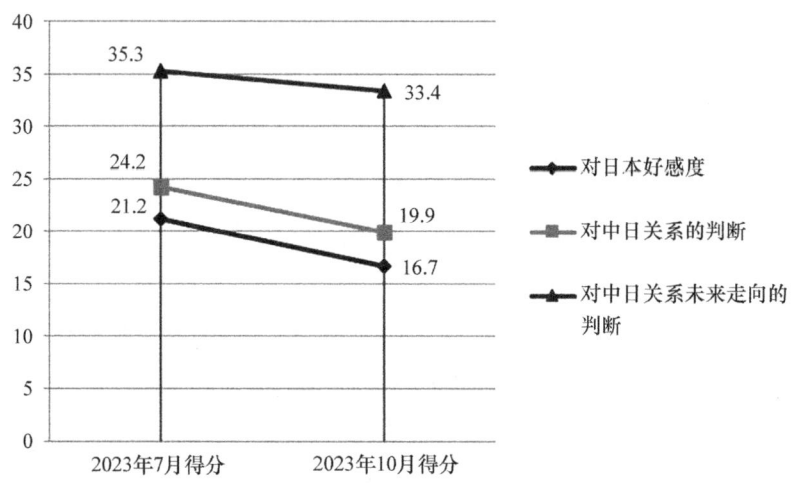

图 17 中国民众对日本好感度及双边关系态度走势

2023 年 8 月 24 日，日本政府无视各国民众的广泛质疑与国际舆论的强烈反对，执意将核污水排入太平洋。与此同时，日本核污水排放给沿海地区的渔业造成了巨大影响，民众短期内停止或减少购买海鲜产品，中国渔业和餐饮业均受到较大影响，因此中国民众对日本的好感度、对两国关系的判断和未来走向乐观度都在持续下降。

中国城市海外社交媒体传播力报告

中国城市与出海品牌影响力指数课题组[*]

中国城市借助海外社交媒体平台进行国际传播的意愿和主动性越来越强，越来越多的城市在为"讲好中国故事，传播好中国声音"贡献力量。"中国城市海外社交媒体传播力指数"以中国城市主要官方账号为指数评估主体，依据其在海外社交媒体平台上的多维度传播数据，通过指数模型运算，实现对城市国际传播效力的指数得分计算。

参考当前海外社交媒体平台的全球覆盖度、用户活跃度、新媒体多元类型等因素，本研究选取了五个具典型代表性的App作为海外社交媒体的监测平台，分别是Facebook、Twitter[①]、Instagram，视频平台YouTube和TikTok。本指数的数据获取方式如下：筛选海外社交媒体平台上有传播行为的中国城市的官方账号，纳入大数据监测系统运行分析，动态获取该官方账号的传播行为数据，包括但不限于内容创作数据（Generate）；互动

---

[*] 中国城市与出海品牌影响力指数课题组成员：中外传播智库的刘志明、张曦、杨斌艳、徐文清、刘潇、刘洋，参考智库的张诚、张陆煜、崇珅、武剑。

① 2023年7月，Twitter更名为X。本研究仍沿用Twitter叫法，下同。

交流数据（Interactive），包括分享、评论和认可等行为动作所产生的数据；用户享用信息数据（Utilize），包括订阅/关注、浏览等行为动作所产生的数据。

国际传播力指数体系算法包括定性与定量两部分。其中，定量指标权重占比80%，定性指标权重占比20%（见表1）。

表1　　城市海外社交媒体传播力指数各级指标　　（单位：%）

图文平台 一级指标		二级指标		指标性质
传播范围	10	粉丝数量	5	定量
		粉丝增量	5	定量
传播数量	10	发帖数量	10	定量
传播效度	60	互动量	30	定量
		互动率	30	定量
传播质量	20	内容质量	10	定性
		创新性	10	定性
视频平台 一级指标		二级指标		指标性质
传播范围	10	粉丝数量	5	定量
		粉丝增量	5	定量
传播数量	10	视频发布数量	10	定量
传播效度	60	视频播放量	30	定量
		平均播放量	30	定量
传播质量	20	内容质量	10	定性
		创新性	10	定性

资料来源：世研指数。

根据各平台的全球用户规模、活跃度、影响力相关度等因素，动态设定其权重占比。各平台指数加权计算形成综合传播力指数。综合传播力指数与各平台的传播力指数分别呈现，既

中国城市海外社交媒体传播力报告

利于直观展现海外社交平台综合传播实力强劲的城市，也能够垂直分析不同平台上的城市传播力表现（见表2）。

表2　　中国城市海外社交媒体传播力指数总览

指数排序	综合传播力指数	Facebook传播力指数	Twitter传播力指数	Instagram传播力指数	视频平台传播力指数
1	南京	北京	天津	杭州	成都
2	北京	南京	南京	成都	北京
3	成都	重庆	厦门	南京	南京
4	广州	杭州	宁波	北京	广州
5	青岛	青岛	烟台	上海	沧州
6	杭州	济南	青岛	哈尔滨	深圳
7	重庆	佛山	济南	广州	青岛
8	苏州	桂林	佛山	福州	重庆
9	沧州	聊城	杭州	佛山	福州
10	佛山	烟台	苏州	苏州	天津

资料来源：世研指数。

以2023年8月的中国城市海外社交媒体传播力指数为例，指数得分较高的城市如南京、北京、成都等，都组建了专业化的海外传播和运营队伍，同时在3—5个海外社交媒体平台上开设账号，形成媒体矩阵，保持着传播活跃度。

一　总体情况

中国城市海外社交媒体传播力指数显示，指数得分较高的城市当中既有一线超大城市，也有中西部中心城市，以及旅游城市、发展潜力城市。

以 2023 年 7 月的综合传播力为例，北京一枝独秀，南京、成都、重庆紧随其后，指数得分较高的其他城市如武汉、沧州、杭州、广州、青岛和厦门等，彼此之间指数差距较小，呈现出"齐头并进"的态势（见图 1）。

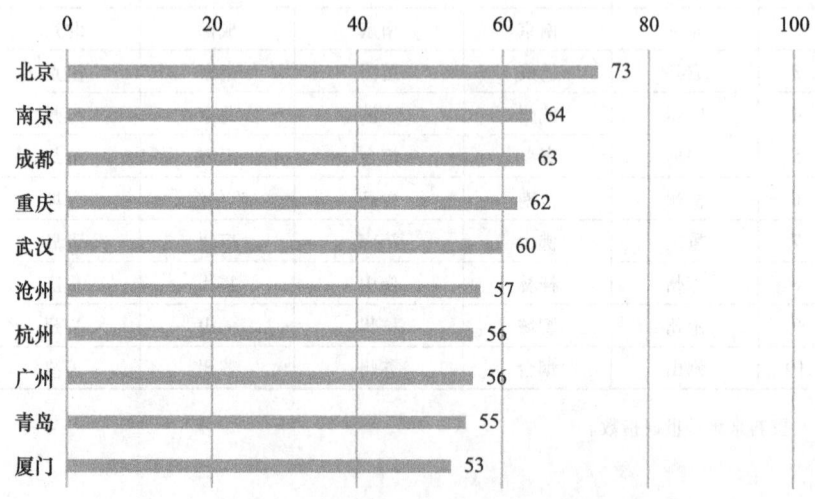

图 1　2023 年 7 月中国城市海外社交媒体传播力指数

资料来源：世研指数。

城市主体和地理位置的多样化趋势进一步显现，更多各具特色的城市加入海外社交媒体行列，有助于我们向世界展示一个真实、立体、全面的中国。

中国城市运用海外社交媒体进行国际传播的主动性和能力正日益得到提升，议题呈现出越来越多元、丰富和立体的态势。议题设置既突出国家总体战略布局，又反映城市自身发展规划，

中国城市海外社交媒体传播力报告

同时还体现民众幸福感、获得感。部分城市借助大型国际体育赛事的影响力，加大策划传播力度形成持续规模效应；部分城市深挖传统文化内涵，创新表达及展现形式，让传统文化走出"国际范儿"；还有部分城市推动国际传播与城市发展深度融合，以国际传播促进城市开放发展。

以成都为例，在2023年8月综合传播力指数排名中跻身前三，当月的突出表现主要是有效利用了第31届世界大学生夏季运动会的全球性关注度。成都借机向海外受众宣介城市的悠久历史和厚重的文化底蕴，凸显大型国际体育赛事对城市形象的塑造和传播可以产生重要影响。世界大学生运动会是规模仅次于奥运会的世界综合性运动会，素有"小奥运会"之称，其在全球范围内的影响力可见一斑。在大运会举行期间，成都抓住东道主的有利时机，在海外社交媒体全面发力，主动策划推出了许多涉及大运会主题的短视频和网帖，受到海外网友热捧。

在国际传播过程中，成都还特别注重根据海外社交媒体平台不同的受众目标和传播特点，将这一全球青年体育盛会重点在YouTube和Instagram平台进行投放，从而提高传播的精准性和差异化，收到不错的传播效果。

例如在YouTube平台，成都账号"Chengdu Plus"充分利用其视频传播优势，策划推出题材丰富的大运会内容，如外国运动员谈大运会难忘经历、外国运动员体验成都文化和美食、大运会的场馆和见闻探秘等。截至2023年8月，该账号发布的"采耳、看戏、吃猪脑……外国运动员在成都玩得这么嗨？"视频，获得 1.8 万次观看量、699 次点赞以及 21 条评论。

成都账号"chengdu_china"则在以年轻受众为主的 Instagram 平台对大运会进行宣推，内容主要集中于开闭幕式、运动会场馆及大运村等。该账号发布的"闭幕式的一些亮点，在露天音乐公园！成都让梦想成真！"的网帖，截至 2023 年 8 月，获得 1.3 万次点赞、5 条评论。

在 2023 年的月度监测期中，南京、成都、北京等城市常跻身综合传播力指数的第一梯队。这些城市在海外社交媒体综合传播力方面排位靠前，一方面得益于它们在海外社交媒体平台打造自身账号矩阵，并保持着传播活跃度，此外还组建了专业化的海外传播和运营队伍；另一方面，这三座城市都面向海外受众塑造了较为清晰且辨识度较高的城市形象，如"文学之都""和平之都"

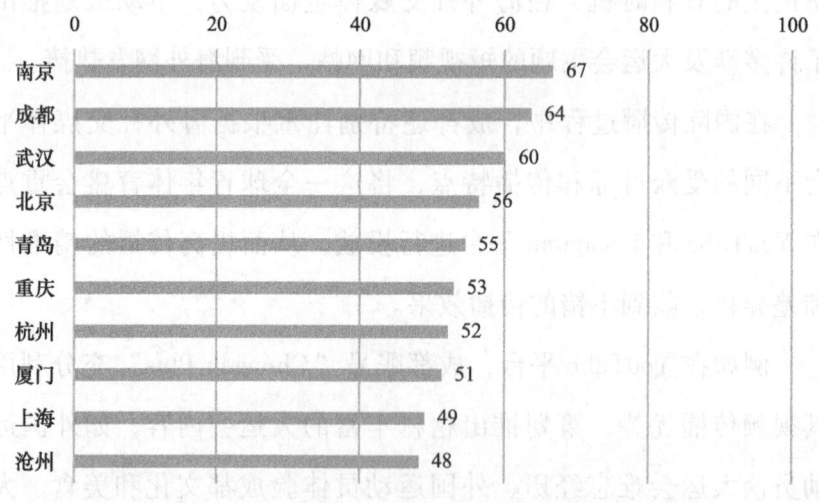

图 2　2023 年 6 月中国城市海外社交媒体传播力指数

资料来源：世研指数。

之于南京,"天府文化""休闲之都"之于成都,"历史文化名城""千古帝都"之于北京。这些特色鲜明的城市形象,大幅提升了城市的国际传播力、影响力和感染力。

以南京为例,其在Facebook、Twitter、Instagram、YouTube和TikTok都开设了账号。数据显示,南京市账号2023年6月在Facebook发帖37条,点赞互动评论数为724794;在Twitter发帖40条,点赞互动评论数为32986;在Instagram发帖31条,点赞互动评论数为61065。在视频平台YouTube和TikTok上,南京的粉丝订阅量持续增长。

监测可见,不同的海外社交媒体在平台属性、内容风格和主流人群等方面各有特点,南京在多平台布局有利于形成传播合力、扩大受众触达范围。此外,南京还紧紧围绕"文学之都""和平之都"的城市标签设置宣传推广议题、策划互动活动,向海外网友展示南京深厚的文化底蕴,讲述有温情的城市故事。

二 各海外社交媒体传播力情况

(一)Facebook传播力指数

Facebook作为世界最大的社交网络平台,月活跃用户22.7亿,每分钟点赞数400万,每天登录用户达10亿,75%的用户来自美国之外的地区,视频流量达80亿。与其他国际社交媒体平台相比,Facebook用户通常使用真实姓名沟通,个人资料全面。

在 2023 年 6—8 月，北京的 Facebook 传播力指数保持在月度前三，原因是其能够根据平台的不同传播特点、表达形式和受众定位，再结合自身需求进行有选择性的精准传播。北京在以互动性和视觉性见长的 Facebook 重点投入并取得了不错的传播效果。

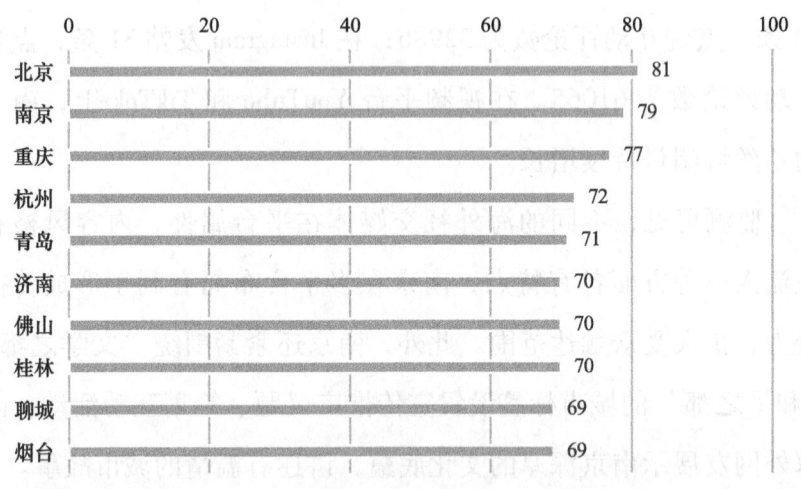

图3　2023 年 8 月中国城市 Facebook 传播力指数

资料来源：世研指数。

北京 Facebook 平台账号（Visit Beijing）发布的相关网帖大多有上万的点赞量，同时也有几十到上百条的评论。从内容上看，主要是通过集中展示各类古建筑、主题展览、风土人情、美食美景等来重点宣介北京的历史文化和城市风貌。事实证明，这些主题内容较适合在视觉性社交媒体平台传播，并更易引发网友的积极互动。

中国城市海外社交媒体传播力报告

在国际传播过程中，国际友人群体既了解中国文化和发展，又与境外受众不存在文化和认知障碍，其传播的内容更易于让海外受众接受和理解，从而成为一个讲述中国故事的有力"捷径"。

北京推出的2023"长城好汉——中轴之旅"活动，特邀五位国际友人分别从历史建筑、艺术无形物、胡同文化、美味、时尚神器等方面讲述了他们发现的北京中轴线之美。同时，北京还向全球旅行者发出前来探索北京的邀请。该活动在Facebook平台发布的系列网帖引发网友积极互动，基本上每条都有几万次点赞、上百条评论及上百次分享。

此外，在国际传播过程中，如果能借助多个账号所形成的联动效应或者网红大V个人的影响力，将极大提高信息传播的覆盖面和触达率。为此，珠海和深圳在这方面积极进行有益尝试。

珠海利用全国生态环境保护大会召开之机，结合"盛夏避暑""清凉一夏"等海外热点话题，通过Facebook账号（ExploreZhuhai）策划推出以"秀出城市避暑姿势"为主题的互动网帖。为吸引广大网友积极参与，珠海账号通过互相@账号、采用"StayCool"图片马甲等方式，与国内20多个城市的文旅账号形成联动，获得海外受众的广泛关注和大量好评。截至2023年7月28日，该帖文覆盖量超过8.8万人次，互动量达833次。

深圳则根据"Z世代"喜欢在网上同所关注的"大V"和网

红探讨共同话题、惯于聚集在一个圈子去表达和分享的特点，充分利用 Facebook 平台社交互动性强的优势，打造出全方位宣介深圳南山的国际网红 Nancy。该账号（Nancy in Nanshan）已拥有 19 万粉丝，通过她细微之处、贴近生活的小切口观察视角向海外受众展示了深圳南山涉及历史、人文、社会、美食、发展等多方面的独特魅力，让城市的形象变得更立体、多元、丰富，进而赢得网友喜爱。

对外传播是城市国际形象塑造和推广、资源聚集和竞争力提升的过程。当前，全球正在经历新一轮科技革命与产业变革，科技创新正成为带动城市全方位发展、为城市注入新活力的重要引擎。因此，各城市在积极谋篇布局推动科技创新的同时，对外打造"创新之都"形象也成为国际传播的题中之义。

在 Facebook 平台传播力指数中领先的重庆账号（iChongqing），主打科技创新牌，结合在该地举办的中国国际智能产业博览会及其三项明星赛事，在 2023 年 8 月连续推出多篇相关主题的网帖，吸引了大量海外网友对人工智能、无人驾驶等领域最新研发成果的关注。

智能汽车是时代和行业发展的新趋势，该账号策划推出了回顾 IVISTA 智能连接车辆挑战赛盛况的网帖，并结合重庆特殊的山城地况，将各种功能型无人驾驶汽车融入生活场景，对受众产生多重吸引力，也展现了"智能驾驭，挑战未来"的理念。

科技的助推让重庆这座具有历史感的山城充满了新潮和梦幻的创新魅力。在围绕科技议题的传播中，重庆"科技""创新""活力"等城市属性得到进一步加强。

城市的自然生态属于国际传播中易于跨文化传播的"共情类"议题，它不仅可以提升城市的竞争力，还能传达城市的文化和价值观，进一步增强城市的品牌形象，塑造出一个令人向往的"自然之都"。

厦门 Facebook 账号在内容策划中成功地抓住了"人们对体验融入自然生活方式的追求"，在 2023 年 9 月进行传播，效果良好。该账号发布多篇有关双龙潭生态景区、下潭尾滨海湿地公园、白鹭洲公园等景点的帖文，用生动的文字和精美的图片展示了厦门独特的生态美景以及人们在这里享受自然的场景，在让网友更好地了解和欣赏厦门之美的同时，还呼吁人们保护和珍视自然资源，传递了厦门对环境保护的理念态度，为其海外美誉度加分。

（二）Twitter 传播力指数

Twitter 成立于 2006 年 3 月，月活跃用户 3.36 亿，每分钟的发帖量超 350000 条，每月独立访问次数超 10 亿，7.6% 的用户来自亚太地区。Twitter 可以让用户更新不超过 140 个字符的消息（除中文、日文和韩文外，其他语言已提高上限至 280 个字符），这些消息也被称作"Tweet"（推文）。

借势重大活动进行国际传播，有助于提升城市的国际影响力和美誉度。2023 年 9 月，Twitter 传播力指数排序相对靠前的城市（如杭州、盐城），积极借势亚运会扩大城市的国际传播影响力。

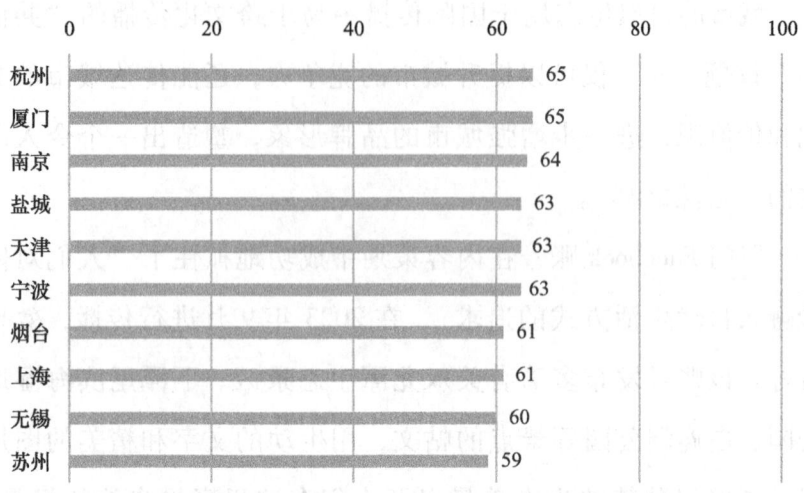

图4　2023年9月中国城市Twitter传播力指数

资料来源：世研指数。

杭州账号（Hangzhoufeel）集中发布了一系列有关亚运会的新闻和动态。这些内容既包括亚运会的筹备预热，也包括赛场内外的看点。通过讲述观众、志愿者、记者、运动员以及教练等不同人物角色的故事，展示了杭州这个城市的热情、活力和创新精神。此外，杭州市还巧妙地运用了杭州亚运会、杭州旅游等标签和关键词，以此来增加有关杭州的曝光率。这种策略使有关亚运会和杭州的消息更易被广大网友发现，从而提升了杭州在Twitter平台的传播力。杭州发布的各国记者对杭州的印象采访视频受到网友们较多的关注，收获了582次点赞、18次转发以及4条评论。

积极借势亚运会推动城市国际传播的中国城市还有盐城。

亚运会期间，除了赛事的精彩过程，获奖运动员也是受众关注的焦点。盐城账号发布的盐城籍国际象棋棋手韦奕夺冠的专访视频，借助亚运热的高关注度，获得网友14万次浏览、432次点赞。在此过程中，盐城的国际曝光度大幅提升。

对于社交媒体平台而言，转评赞数量和粉丝增量是体现推文内容传播性和互动性的重要衡量指标，同时也反映了账号传播的综合影响力。

2023年6月，Twitter传播力指数领先的南京、天津、济南、武汉等城市，转评赞数量高的重要原因是它们发布的内容大多贴合了古老城市焕发年轻活力的主题，对海外青年受众更具吸引力。

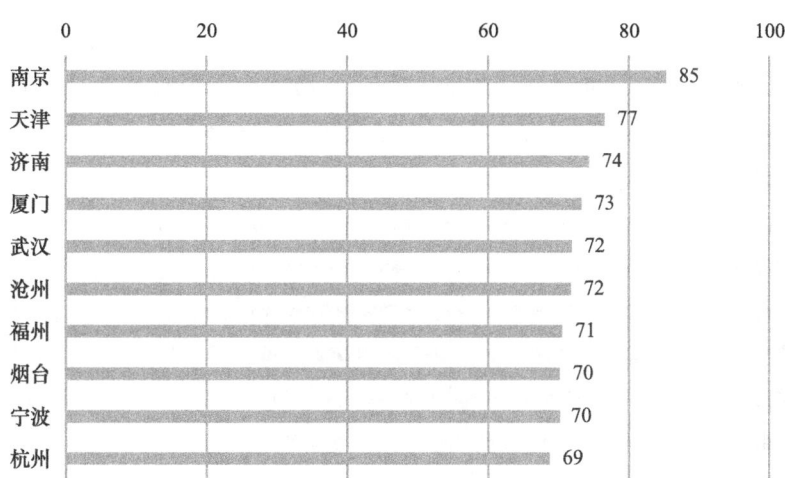

图5　2023年6月中国城市Twitter传播力指数

资料来源：世研指数。

新媒体影响力报告（2023）

济南 Twitter 账号（Incredible Jinan）内容随处体现着悠久文化历史与当今时代元素碰撞的印迹。比如，通过灯光色彩秀和"泉城"城市标签相结合，展现济南夜景独特魅力的推文就收获了 1687 次点赞、99 次转发。

济南账号分享了在 2023 年深圳国际文化产业博览交易会上展出的创意文创产品：将大明湖畔拥有 700 年历史的超然楼，用 4936 块积木拼接还原。该网帖也收获了 620 条点赞、51 次转发。

中国传统文化博大精深，一直以来都对海外受众具有很强的吸引和影响力。有不少城市尝试从优秀的传统文化中寻找创作灵感，以突出内容的独特性、新奇性和差异性，从而激发海外受众的好奇心，提高国际传播效能。

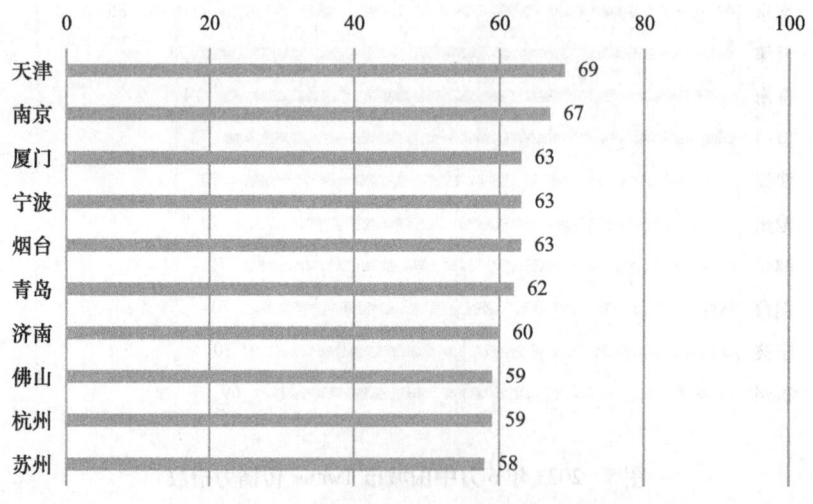

图6　2023年8月中国城市Twitter传播力指数

资料来源：世研指数。

中国城市海外社交媒体传播力报告

2023年8月,宁波账号(Insight Ningbo)发布了多个介绍和展现城市传统文化魅力的网帖,如由六位工匠耗时两年精心制作的刺绣、根据国画《韩熙载夜宴》改编的舞蹈表演,以及剪纸大师创作的喜迎杭州亚运会的作品。

宁波发布的以当代视角和审美诠释、重现国画《韩熙载夜宴》描绘的夜宴场景的网帖,引发海外网友热捧,获得1342次点赞、109次转发及18条评论。

类似将中国传统文化成功运用于国际传播中的案例还有广州市南沙区的账号"NanSha Look"。该账号结合中国传统节日七夕,策划南沙七夕创意视频,巧妙地将手绘图像与南沙实景结合,以标志性建筑明珠湾大桥为"鹊桥",展现中华传统文化。同时,该账号还结合海外受众的习惯与语言体系,采用"Valentine"文案设计,传递浪漫和温馨的南沙七夕节日氛围。上述短视频在Twitter和TikTok平台的累计播放量已达16000次,也收获了较高的关注度。

2023年8月,聊城在Twitter平台尽管仅发帖8条,但"以质取胜"。通过优质的创意内容和传播策略,成功吸引海外网友关注并参与互动,在粉丝互动率方面名列前茅,从而使其在Twitter平台上的传播力表现突出。

聊城账号(Discover Liaocheng)在2023年7月20日"人类月球日"这一天,发布"7月20日是'人类月球日'。你知道在月球上一天有多少小时吗?在地球上待几天相当于在月球上睡一晚?"的互动网帖,获得粉丝较多关注和互动参与,点赞量

新媒体影响力报告（2023）

达到 20500 次，转发和评论量也分别达到 1193 次和 65 条。该网帖之所以受到网友热捧，一方面是因为聊城方面有意选择在"人类月球日"这一天进行主题策划，重要时间节点极大地提升了网帖传播的关注度；另一方面，则是将纪念人类第一次登月成功的易跨文化传播主题与东昌湖月色这一聊城标志性的景观巧妙结合，网帖内容在激发网友关注互动的同时，也借势对聊城的城市形象进行宣介，收获了不错的传播效果。

除了借助重要的时间节点，"所属地"传播效应也是中国城市利用进行国际传播的重要手段。特斯拉作为全球知名的电动汽车生产商之一，其在上海设立的超级工厂一直是海外受众关注的焦点。上海账号（shanghai let's meet）顺势推出的"你知道在上海的特斯拉超级工厂，他们可以在不到 40 秒的时间里生产一辆汽车吗？想知道他们是如何达到这样的速度吗？让我们潜入工作环境吧！"视频，获得 747 次点赞、237 次转发、45 条评论。网友们纷纷惊叹于特斯拉工厂的高科技和高效率，受"所属地"传播效应的带动，上海的国际城市美誉度也随之大幅提升。

（三）Instagram 传播力指数

Instagram 平台受众以年轻人为主，时尚、科技、生活、运动、美食类是最受欢迎的内容。武汉账号在运营过程中紧紧抓住平台特质，围绕上述主题进行内容策划和创作，全面集中展示武汉的城市活力和温情，有效提升了武汉的国际城市知名度

中国城市海外社交媒体传播力报告

和美誉度。

2023年7月，武汉账号（i.wuhan）发布的"解放公园的冰淇淋亭经常有孩子光顾。各种口味的冰淇淋吸引了女孩的注意力，给她带来了一个甜蜜的假期"网帖，获得6万次点赞。

在Instagram平台，北京账号积极探索将北京的传统文化与现代城市风貌进行融合的传播之道，发布多条以北京的历史故事、传承技艺等为主题的网帖，并精心拍摄和后期处理，网友在浏览这些内容时仿佛置身于北京这个历史文化名城之中，亲身感受这个城市的活力与厚重。这些精心策划的内容在Instagram平台上吸引了众多对北京历史、文化、美食等感兴趣的粉丝，进一步提升了城市影响力和吸引力。其中，该账号发布的一条介绍京剧文化的网帖，获得4609次点赞。

同样选择用现代表现形式向海外受众展现中国传统文化魅力的中国城市还有宁波。由宁波演艺团创作的中国舞剧《木兰》，讲述了中国传奇女将士花木兰的故事。宁波账号发布的该剧在美国首映大获好评的网帖，引发不少粉丝关注，获得5234次点赞。

不断深挖优秀传统文化内涵，同时创新叙事表达和展现形式，成为不少中国城市开展国际传播的有益尝试。

在国际传播过程中，需要对城市品牌形象进行系统精准的差异化定位，并以此打造更具辨识度和竞争力的城市IP，从而进一步提升城市对外传播的吸引力和影响力。

众所周知，作为中国知名的国际化大都市和国际金融中心，

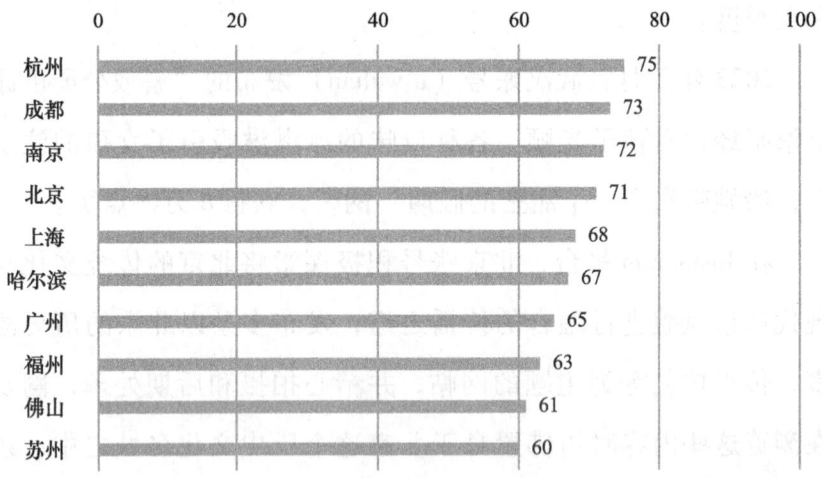

图7　2023年8月中国城市Instagram传播力指数

资料来源：世研指数。

"国际化""时尚""活力""创新"等成为上海对外形象的关键词。上海账号"shanghaieye"紧紧围绕上述城市形象标签，并结合Instagram年轻受众居多的平台特点，以大角度、时尚化、国际范儿的拍摄视角，淋漓尽致地展现了上海海纳百川的多元国际化形象，引发海外网友高度关注，其在月度互动量和互动率两项指标上均位居前列。

该账号发布的上海标志性景点——东方明珠电视塔绚丽夜景的网帖，获得5850次点赞、35条评论。该账号发布的另一条内容为"外滩的夜景永远不会让你失望。绝不！"的网帖，也收获3644次点赞、25条评论。

在国际传播过程中，议题设置与内容安排会对账号粉丝量的增长产生重要影响。城市在议题设置方面通过突出跨文化元素，能够取得良好效果。

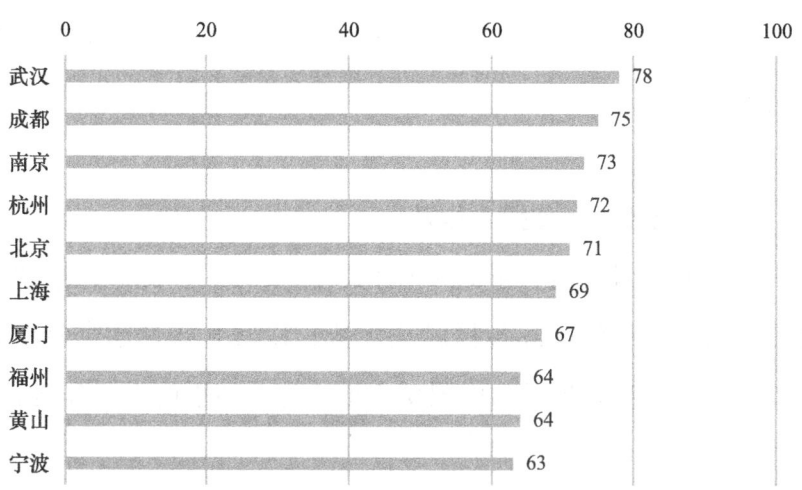

图 8　2023 年 7 月中国城市 Instagram 传播力指数

资料来源：世研指数。

以成都（chengdu_china）为例，平均 1—2 日便有一篇网帖点赞量破万，议题涉及熊猫、城市风景及茶园景色等，并在内容编排上凸显熊猫形象的国际化属性，城市风景的"情怀"味道，以及茶园宁静淡雅的生活方式，贴合 Instagram 平台传播特点，将具有跨文化属性的元素与城市标志相结合，在引发海外受众共鸣的同时，潜移默化地展现多面城市形象。

"成都的茶天堂和田园诗般的度假胜地""体验茶文化、郁郁葱葱的风景和终极的放松"等内容体现出对成都生活方式及城市"性格"的刻画，引发境外受众对成都生活方式的向往，进而提升对成都的心理认同。

尽管成都网帖点赞量相对稳定、抢眼，但评论量与点赞量差异较大。如何在评论层面提升与海外受众的"黏性",进一步激发海外受众对成都的认可与向往,或可成为成都未来国际传播的着力点。

(四)视频平台传播力指数

视频平台因其内容形式多样化、感染力强、传播速度快等特点,具有天然的国际传播触达优势,以其直观性越来越受到海外受众的喜爱,也成为中国城市推进海外传播的重要阵地。

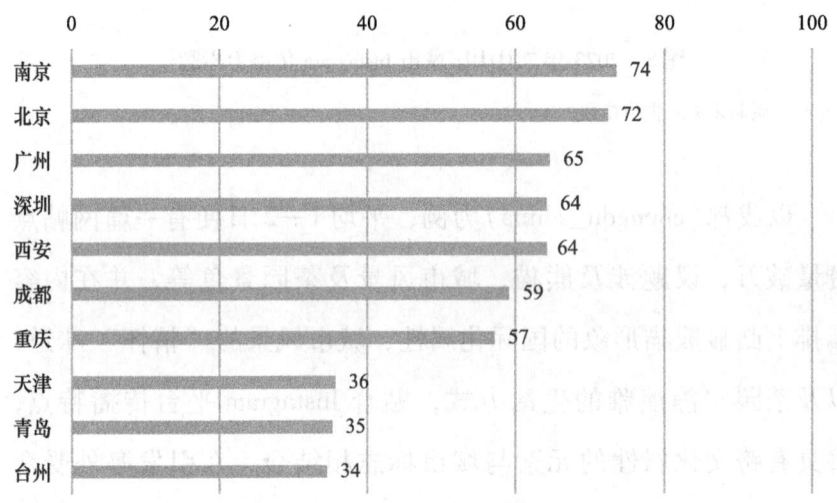

图9 2023年9月中国城市海外视频平台传播力指数

资料来源:世研指数。

塑造个性化、差异化的城市形象,可以为城市的国际传播赋能,并有利于提升城市的国际知名度和美誉度。2023年9月,青岛在YouTube平台上向全球受众展示了清新、活力四射、文化与自然并存的海洋城市形象。这一独特的品牌形象传递了这个城市的新潮气息以及深厚的历史文化底蕴，吸引了大量年轻用户的关注。

例如，该账号发布的内容为"青岛的夏天，舍不得说再见"的视频，就运用了时下年轻人较喜爱的 city walk 形式，将青岛夏日的魅力展现得淋漓尽致。该视频自发布以来已获得了高达 3.5 万的观看次数，深受年轻观众喜爱。

在国际传播过程中，如果能有效借助国家重大活动或事件的广大影响力进行城市宣传推广，往往能收获"事半功倍""效力倍增"的效果。2023 年 7 月，沧州抓住主办 2023 年中国航海日主论坛的有利契机，在做好论坛相关情况报道的同时，也借势将沧州的现代化沿海经济强市新形象和海上丝绸之路北方起点的悠久历史文化向海外受众进行宣传推广，取得了良好的传播效果。

在 YouTube 平台，沧州账号（Cangzhou, China）发布的有关第 19 个中国航海日的介绍视频，获得 10 万次观看，极大地提升了沧州的海外曝光度。

账号运营起步期的增长往往面临很大困难，苏州在 YouTube 平台上的表现值得参考。该城市账号"Feel Suzhou"于 2022 年 2 月注册。仅一年多，其在 YouTube 平台的传播力就呈现快速增长态势，在 YouTube 单项指标排序中进入前五。

苏州之所以有出色表现，与其紧紧围绕"江南文化"打造特色账号，以及在该主题下一以贯之策划和生产社交媒体传播内容关系密切。苏州是中国"江南文化"的重要发祥地之一。"江南文化"源远流长且极富特色。可以说，文化之美已深深扎根于苏州城市之中和景物风光流转之间。

据此，苏州账号"Feel Suzhou"推出《漫步姑苏》系列视频，着重向海外宣介"江南文化"中的建筑、美食、影像、时尚等元素，吸引众多海外受众关注。该账号发布的"用相机捕捉姑苏城每一个感人瞬间"视频，获得1.1万次观看、28次转发。

重庆市的YouTube账号（IChongqing）在2023年6月发布视频12条，浏览量达279633次，各项数据均较为领先。其中，外国主播以见闻形式"边走边看"，通过描述自己在重庆的感受，将重庆的风土人情及城市风貌进行逐一展示的视频，观看量达109万次。

重庆YouTube账号发布的另一条视频中，外国主播则突出重庆"列车穿楼"的特点，第一时间让海外受众对重庆留下深刻印象，强化海外受众对重庆的兴趣与认知。

重庆的短视频传播主体选用"洋网红"，缩短了与海外受众的心理距离；同时，传播内容均为文化层面议题，进一步缩短了与海外受众的心理距离。双重作用叠加，达到了相对良好的传播效果，为中国城市在海外视频平台中进一步推进国际传播提供了思路与启发。

中国企业海外社交媒体传播力报告

中国城市与出海品牌影响力指数课题组[*]

由中国倡导和推动的新一轮全球化正在成为全球经济发展新的助推力，随之而来的是中国品牌的出海热，并且这个热度不是一时的，将会持续很长时间。正如世界经济中心的迁移必然伴随着品牌中心的迁移一样，在新一轮全球化过程中，也必将会诞生一批中国的"新全球品牌"。

在国外研究机构主导的各类世界品牌评估中，欧美的世界级品牌数量遥遥领先于中国。长久以来，"品牌化程度低"或"品牌力弱"是中国企业全球化过程中的致命短板，以至于国外消费者长期对中国产品、品牌有"廉价""质量差""不值得信任"等刻板印象。因此，虽然中国品牌出海并不难，但打造全球品牌、实现可持续发展是一个长期过程，要面临多重考验。对于中国企业来说，出海的过程也是一个重新再造品牌的过程，如何制定行之有效的品牌战略、做好海外数字媒体营销，对于出海企业有着至关重要的意义。

---

[*] 中国城市与出海品牌影响力指数课题组成员：中外传播智库的刘志明、张曦、杨斌艳、徐文清、刘潇、刘洋，参考智库的张诚、张陆煜、崇珅、武剑。

新媒体影响力报告(2023)

为科学评估中国企业在国际新媒体平台上的品牌传播效果和影响力，本研究聚焦中国企业海外社交媒体传播力指数体系，以中国企业主要官方账号为指数评估主体，覆盖重点出海品牌约500家。依据其在多个海外社交媒体平台上的多维度传播数据，通过指数模型运算，实现对企业国际传播效力的指数得分。根据各平台的全球用户规模、活跃度、影响力相关度等因素动态设定平台权重，各平台指数加权计算形成综合传播力指数。

基于海外社交媒体平台的全球覆盖度、用户活跃度、新媒体多元类型等因素，本研究选取了四个具典型代表性的App作为海外社交媒体的监测平台，分别是Facebook、Twitter、Instagram、Linkedin。本指数的数据获取方式如下：遴选海外社交媒体平台上有传播行为的中国企业的官方账号，获取该官方账号的传播行为数据，包括但不限于内容创作数据（Generate）；互动交流数据（Interactive），包括分享、评论和认可等行为动作所产生的数据；用户享用信息数据（Utilize），包括订阅/关注、浏览等行为动作所产生的数据，纳入大数据监测系统运行分析。

中国企业海外社交媒体传播力指数体系算法包括定性与定量两部分。其中，定量指标权重占比80%，定性指标权重占比20%（见表1）。

表1　　　　企业海外社交媒体传播力指数各级指标　　　　（单位:%）

图文平台 一级指标		二级指标		指标性质
传播范围	10	粉丝数量	5	定量
		粉丝增量	5	定量

中国企业海外社交媒体传播力报告

续表

图文平台	一级指标	二级指标		指标性质
传播数量	10	发帖数量	10	定量
传播效度	60	互动量	30	定量
		互动率	30	定量
传播质量	20	内容质量	10	定性
		创新性	10	定性
定性评价维度（图文类平台）				
内容质量	a. 外文准确性：是否有中文与外文的翻译误差，国际受众能否顺畅阅读 b. 内容吸引力：内容是否充实、有趣，与该账号定位的相匹配 c. 图片表现力：图片的质量、吸引力以及与文字的配合度			
创新性	a. 形式创新：新颖的活动策划，新技术与传播方式的运用 b. 内容创新：内容的新奇性、话题的独特性 c. 互动性：账号运营者与粉丝的互动及回复评论的情况			

资料来源：世研指数。

根据各平台的全球用户规模、活跃度、影响力相关度等因素，动态设定其权重占比，各平台指数加权计算形成综合传播力指数。综合传播力指数与各平台的传播力指数分别呈现，既利于直观展现海外社交平台综合传播实力强劲的企业，也能够垂直分析不同平台上的企业传播力表现（见表2）。

表2　　　　中国企业海外社交媒体传播力指数总览

指数排序	综合传播力指数	Facebook传播力指数	Twitter传播力指数	Instagram传播力指数	Linkedin传播力指数
1	华为	徐工集团	茅台	SHEIN	华为
2	名爵汽车	茅台	小米	大疆创新	比亚迪
3	联想	华为	华为	名创优品	吉利汽车
4	小米	广汽	联想	名爵汽车	大疆创新

续表

指数排序	综合传播力指数	Facebook传播力指数	Twitter传播力指数	Instagram传播力指数	Linkedin传播力指数
5	大疆创新	真我	百度	北京字节	蔚来
6	北京字节	名爵汽车	一加手机	联想	海康威视
7	OPPO	SHEIN	昆仑万维	Insta360	Tencent
8	一加手机	隆基光伏	OPPO	Cider	北京字节
9	徐工集团	小米	POCO	花知晓	阿里巴巴
10	茅台	上海电气	隆基光伏	华为	大华

资料来源：世研指数。

总体而言，多数出海企业具有较强的主动传播意识，普遍在多个平台布局国际传播账号，注重传播范围、频次数量和传播效度等综合影响力构建。

月度传播力综合指数得分较高的企业，例如华为、名爵汽车、隆基光伏等，在Facebook、Twitter、Instagram、Linkedin都开设了官方账号，与全球网友交流互动。海外社交媒体平台的属性、风格及覆盖人群皆有所不同，在多渠道同时发力，不仅能令企业品牌覆盖更为广泛、立体的受众群，还有利于其运营内容相互呼应，形成自主性相对较强的传播矩阵，强化国际传播效果。

一 总体情况

在海外社交媒体平台中，中国企业国际传播能力呈现相对明显的梯队特点，部分企业表现突出，传播内容辨识度清晰。

尤其是科技、汽车、电子消费等与境外受众生活关系密切的中国企业，在海外社交平台中受关注程度相对较高。以2023年8月传播力为例，指数分值较高的企业包括华为、小米、大疆创新、名爵汽车、OPPO、茅台、隆基光伏、一加手机、北京字节、徐工集团等（见图1）。

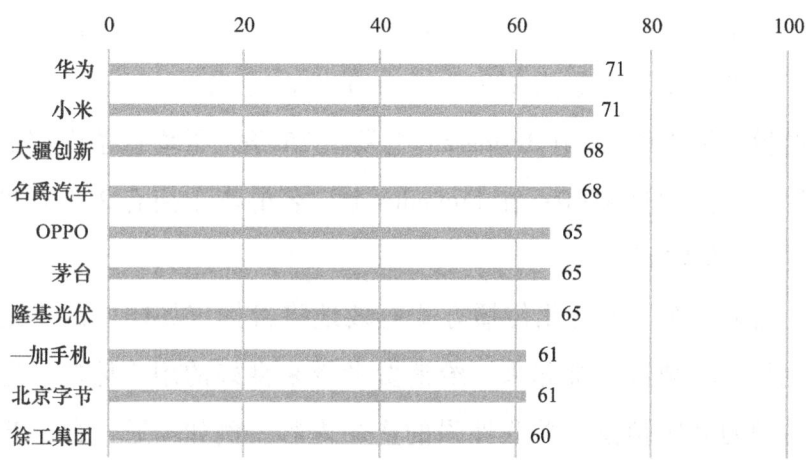

图1　2023年8月中国企业海外社交媒体传播力指数

资料来源：世研指数。

对比连续多期的指数结果来看，与本地消费者日常生活关联度较高的中国企业，在海外社交媒体平台中更易引发共鸣，凸显议题贴近性对中国企业国际传播的重要程度。同时，企业在海外形象元素中"科技"属性相对明显，与当前海外社交媒体关注议题契合度相对较高，国际传播效力相对理想。

自2023年6月起连续三个月传播力指数居高的华为，在Facebook、Twitter、Instagram、Linkedin均保持着较高的活跃度，

新媒体影响力报告（2023）

与全球网友频繁交流互动。数据显示，华为官方账号2023年6月在Facebook上的发帖数量为113条，点赞互动评论数为150534；在Twitter上发帖113条，6月新增粉丝量为111741；在Instagram上发帖24条，平均每条内容的评论点赞数超过4000；在Linkedin上，华为拥有49.2万粉丝，6月发帖94条。

名爵汽车同样也布局了全部平台并积极运营。数据显示，名爵汽车官方账号2023年7月在Facebook上的发帖数量为98条，点赞互动评论数为229676；在Twitter上发帖132条，7月新增粉丝量为315；在Instagram上发帖75条，平均每条内容的评论点赞数超过4600；在Linkedin上，名爵汽车拥有2.4万粉丝，7月发帖12条。

名爵汽车的本地化传播方式有效地将目标市场印度的本地文化与年轻潮流连接起来，给消费者带来良好的用户体验、通俗易懂的品牌信息、关联性强的产品内容。例如，通过分享当地用户真实的产品反馈，与目标受众产生共鸣，增加内容的吸引力和传播效果。

在多个海外社交平台开设账号，可针对不同受众群体发布更具针对性的网帖，从而可以从整体上提升中国企业的综合国际传播效力。

二 各海外社交媒体传播力情况

（一）Facebook传播力指数

Facebook作为世界最大的社交网络平台，每天登录用户逾

中国企业海外社交媒体传播力报告

10亿，月活跃用户高达22.7亿，是很多中国企业出海传播的社交平台。在Facebook中，传播力指数得分较高的企业在国际传播实践中积累了丰富的成功案例。

第一，有效利用平台建立用户社区交流频道，与用户分享有价值的资源、产品以及服务，有效提升与海外受众的连接度。以小米为例，2023年7月，小米官方账号（Xiaomi）发布了与徕卡一起合作的大师课系列，用户可用小米手机学习各种不同类型的拍摄。

此类活动议题具有一定的互动性与参与度，且将产品特点与用户需求紧密结合。在一段时期内，小米账号围绕上述议题发布多篇网帖，进行持续性传播，在社交媒体中获得一定关注度及声量。统计显示，每篇网帖点赞量均超过1000次，还有不少网友在评论中探讨课程内容，基调正向。通过传播此类议题网帖，小米进一步引发海外受众对企业的情感共鸣，提升受众认同度，在一定程度上提升了企业的海外形象美誉度。

第二，议题设置注重跨文化元素的运用，以文化为"媒"，打通从传播到落地的"最后一公里"。以茅台为例，2023年6月，茅台官方账号（Moutai China）发布的"端午龙舟环游全球"系列图文关注度较高，引发了一波正向关注。

在传播中，茅台对同一议题采取高密度集中发声策略，推动在短时间内形成声势。例如2023年6月19日，茅台在账号中发出庆祝活动的预告显示，官方的初衷是发起一个互动活动，自6月20日开始的数日内，茅台则持续在网帖中展示其端午龙

141

舟行程。

端午节是中国的传统节日，在国际传播中具有跨文化元素优势。账号"Moutai China"把端午龙舟和全球经典地标相结合，将中华文化与当地文化相融合，有效调动了海外受众的阅读兴趣，每篇网帖点赞量均可达2万至3万，还有不少网友在评论中对图片的精美度及趣味性表示赞扬。

第三，展示产品相关的消费体验。海外受众的消费重点已从产品本身向服务转移，基于海外受众偏好的转变，中国企业在Facebook平台传播中，也着力向海外受众展示其产品在消费体验方面的优越性。以广汽为例，其2023年8月在Facebook平台发布的多条主题网帖均引发较多网友的关注。例如，结合人们目前喜欢户外露营的生活方式，广汽在网帖中展示符合上述需求的车型，收获网友1.2万次点赞和47条评论，基调正向；针对人们普遍关注的城市停车难问题，广汽在网帖中展示可缓解这一痛点的车型，收获网友1.2万次点赞和73条评论。网友在评论中表达了对广汽集团及其产品的称赞和喜爱，有利于企业提升海外影响力和美誉度，塑造良好的企业品牌形象。

第四，创意营销激发兴趣。以联想为例，2023年9月，联想官方账号与F1日本大奖赛联手打造了一款别致的奖杯。当胜利者亲吻奖杯时，能映出荣耀获得者的国家的旗帜。联想在社交媒体上分享了这一特殊瞬间："马克斯·维斯塔潘作为红牛车队的一员，热情满满地亲吻奖杯，荷兰国旗在奖杯上闪耀。"创意能为企业和消费者创造独特的体验，不仅能吸引用户的关注、增加品牌曝光率，还能促进用户与品牌的互动；同时激发用户的兴趣和好奇心，从而促使他们更深入地了解企业和产品。

第五，关注"受众意识"。根据受众的不同需求和关注点进行精准的内容产品生产和推送，以此提升信息传播的触达率、能见度和影响力。作为大型旅游网站，携程的目标受众主要锁定商旅客人和旅游爱好者，而国际旅游市场也正成为其业务增长的重要曲线。为此，携程账号从推进国际化战略出发，结合目前旅游市场对探险游和生态游的偏好，在监测周期内推出多篇涉及上述旅游主题的景点介绍，相关网帖吸引众多网友关注。例如，携程账号2023年9月16日发布的"在缆车上高高飞，目睹惊人的高山景色。云端之上不可错过的经历！"网帖，获得网友582次点赞、12条评论、94次分享。

（二）Twitter 传播力指数

Twitter平台的新闻属性较强，中国企业大多选择在此发布业务动态、新品介绍、主题推广策划、社会公益活动等内容。在这个快节奏、碎片化的平台，中国企业大多发布简洁、有趣和引人注目的内容，通过使用有吸引力的标题、图像、动画和视频来增加内容的可视性和吸引力。

截至2023年9月，账号粉丝总量最高的企业是华为，其次为小米和一加手机，凸显出电子消费类企业在该平台的国际传播优势。

以小米为例，其官方账号（Xiaomi）2023年6月发布了55

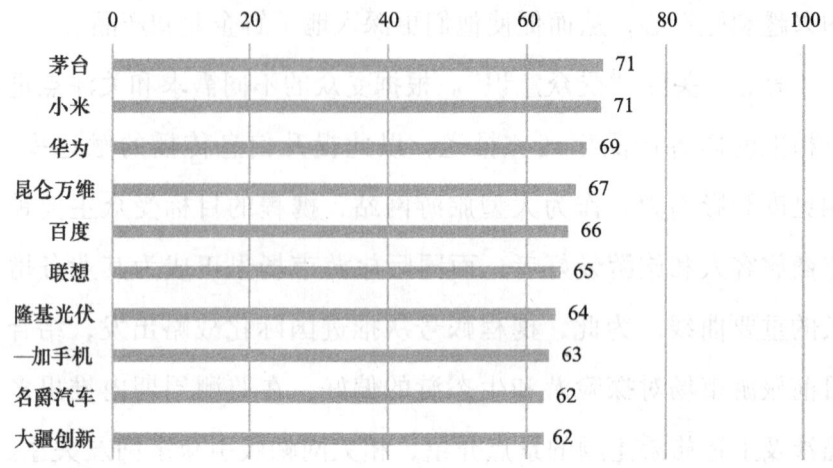

图 2　2023 年 9 月中国企业 Twitter 传播力指数

资料来源：世研指数。

条推文，增长了 2 万个粉丝，获得 4 万余条互动数据。

从数据可以看出，发帖数量及粉丝量排序与指数排序并不完全一致，在发帖数量及粉丝量之外，议题设置质量、评论及转发等因素，也会对传播效力产生重要影响。Twitter 用户基数广泛，信息传播迅速，具有实时性和即时性强的特点。企业可以快速回应和参与到热门话题、事件或趋势的讨论中，并将品牌的声音和观点传播给更广泛的受众。通过在 Twitter 上进行品牌传播，企业不仅可以建立清晰的品牌形象，让消费者更好地了解品牌的特点和价值，还可以实现"病毒式传播"，以低成本的方式获取高流量。成功的传播模式包括以下几种。

第一，与当地消费者互动、共情。为了能更好地融入国际市场和吸引当地消费者，越来越多的企业尝试邀请当地民众参

中国企业海外社交媒体传播力报告

与线上活动,再辅以"共情"类议题对产品进行宣推,有效打破了文化隔阂,传播效果良好。例如小米公司2023年6月25日发布的"镜子,镜子,她们谁最漂亮?"网帖,收获了2万次点赞、1013次转发、83条评论。

在国际传播过程中,无论是当地民众的主体传播身份,还是"爱情""亲情"等"共情"类传播主题,都适合进行跨文化传播,往往能更好地引发国外受众的共鸣并积极参与互动,有利于中国企业对外品牌和形象的塑造。小米公司在2023年6月18日发布的"你爸爸对你这份贴心的礼物有何反应?在见证了这段视频中无言的父子关系的魔力后发表评论"网帖,收获4305次点赞、232次转发、60条评论。该网帖将小米可穿戴产品巧妙植入儿子为父亲送父亲节礼物以及双方互动的情节。

第二,双向交流,将互动性发挥到极致。社交媒体最大的特点就是与用户之间的"互动性",而且这种互动体现在实时、双向和长期性方面。

以名爵汽车Twitter平台账号(Morris Garages India)为例,其在2023年7月发布了多条展现其汽车配置带给用户舒适驾驶体验的互动性网帖,关注度相对较高。再如,其在2023年7月28日发布的使用集成的JioSaavn应用程序进行体验的网帖,收获了535次点赞、107次转发。对于社交媒体而言,提升粉丝互动率的关键在于提供有趣和有价值的内容。可以说,名爵汽车紧紧围绕产品性能和驾驶体验这两个用户最为关注的点来设置议题，并通过现实生活场景进行展示，最大限度达到鼓励更多粉丝参与互动的目的。

隆基光伏2023年8月的互动量达92132次，显著领先于其他企业。其2023年8月28日发布了一则介绍产品绿色性能的网帖，通过拟人化角色介绍产品特征，收获2415次点赞、123次转发及15条评论；8月27日，用拟人化手法发布的另一则网帖，也取得了良好的传播效果，点赞量达2413次、转发量为109次、评论4条。

上述两则网帖的传播数据说明，在国际传播过程中，通过生动的角色形象和情节，能更好地传达产品的功能、用途和价值。与传统的介绍方式相比，这种传播方式可以更生动地展示产品的特点和应用场景，帮助用户更好地理解和记忆产品信息。除了呈现形式的拟人化创新，在传播过程中展现企业的社会责任，同样有助于企业拉近与海外受众的心理距离，在国际舆论中塑造积极正面的品牌形象。

隆基光伏发布的一则有关与其合作伙伴Future Energy在新西兰完成的节能减排住宅模块项目的帖文，就受到网友的关注，相关网帖收获1967次点赞、82次转发。统计数据显示，在监测周期内，隆基光伏所发布的有关科技推动绿色低碳发展主题的网帖，占总发帖量的约40%，平均点赞量大多超过2000次。凸显环保议题等体现企业社会责任的网帖，易于进行跨文化传播，引发网友共鸣，打造良好的国际传播触达效果。

第三，为品牌赋予生动"人设"。昆仑万维公司通过创意有趣的"人设"、与粉丝互动紧密、顺应时势热点等多种手段来吸引粉丝的关注和支持，增强了品牌的影响力和竞争力。例如，其2023年9月7日发布的一篇手绘logo的网帖，收获9784次点赞、472次转发、154条评论。在评论区中，有网友提议把现有的logo更新成"搞笑版"的手绘logo，昆仑万维则很快做出回应，并回复"如果此帖得到3000以上个赞，那么我们就把logo改了"。此帖文最终获得了超过1万次的点赞。

昆仑万维创造了一个搞笑的"小编"形象，这种形象让人感到亲切和真实，让粉丝更容易产生共鸣和情感连接，并且通过积极回复粉丝的评论，以及与粉丝进行互动，增强了品牌与粉丝之间的黏性。这种紧密的互动让粉丝感到被重视和关注，从而增强了对品牌的忠诚度和好感度。

在国际传播过程中，通过塑造独特的品牌，企业可以更好地与目标受众建立情感联系，并且激发消费者对品牌的信任和忠诚度，从而促进口碑传播。这样不仅可以帮助品牌更好地融入目标市场的文化环境，同时跨越文化差异，扩大品牌的受众范围和影响力。

第四，针对目标受众，借助热门话题，结合自身产品特点，可令宣传效果事半功倍。真我是一个年轻品牌，目标是为全球年轻人构建万物互联智能潮玩生活。时尚年轻化是该品牌要传播的理念。真我的Twitter账号以色彩丰富的图片和灵动充满设计感的视频为主，辅以各种话题设置，有效吸引粉丝并提升互动量。

比如，真我账号2023年9月12日发布了视频"我们迎来了一场激动人心的#真我挑战。为了庆祝#纽约时装周和#真我11Pro系列，是时候重新想象这款智能手机的设计了。我们很快就会看到细节"，以及9月13日发布了视频"#真我时尚周的下一条跑道是绿洲设计。看看智能手机的灵感是如何变成某种如此时尚的东西的！#纽约时装周"。这两则网帖均获得了320万的浏览量，超过600次的点赞。网友评论："细节让我记住这部手机！"

将发售新机与纽约时装周这一热门话题"绑定"，并通过制作视频将手机外观设计与服装设计结合，借力发力，借台唱戏，在直观有效传播时尚理念的同时，也提升了产品的关注度和影响力。

（三）Instagram传播力指数

中国企业海外社交媒体传播效果与平台属性存在一定关联。Instagram用户大多为年轻人和女性，覆盖群体主要涵盖时尚、美食、旅游、艺术和摄影等领域。SHEIN、名创优品、大疆创新、Insta360等企业在Instagram针对上述群体偏好用心规划运营，获得了良好的传播效果。

例如，主要从事女性服饰和消费品业务的SHEIN公司2023年6月19日发布的"卧室搬运！啊，一切都如此迷人，你会给哪个可爱的装饰评分？"网帖，收获了13.7万次点赞、560条评论。网帖涉及的都是坐垫、靠垫、杯垫、花瓶、台灯、镜子

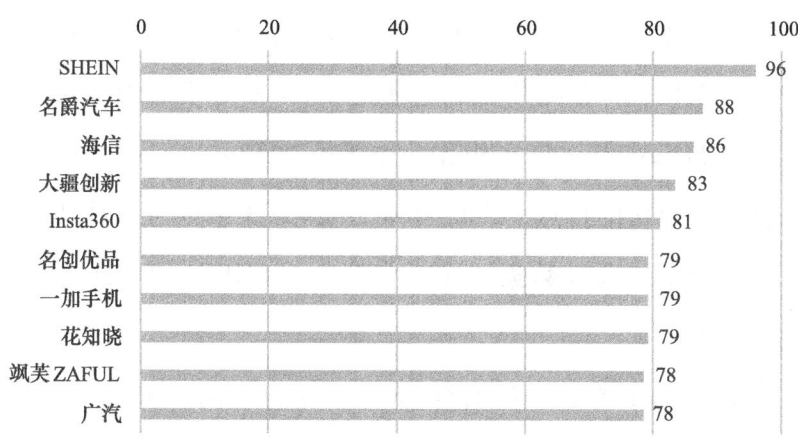

图3 2023年8月中国企业Instagram传播力指数

资料来源：世研指数。

等卧室使用的日常用品，但因其时尚外观和实用性能而受到网友热捧。再如，其2023年6月23日发布的"SHEIN HOME HACKS 低于12美元 用让日常效率轻松的产品开启你的智能生活时代"网帖也收获9.8万次点赞、308条评论。网帖发布的都是像纸巾收纳盒、女性化妆品存放瓶、厨房清洁棉等生活中的小东西，但因其创新性和便捷性得到较广泛关注。

SHEIN的实践表明，采用贴近不同区域、不同国家、不同群体受众的精准传播方式，尽可能贴近当地民众和日常生活，有利于加强企业的国际传播效能。

此外，在该平台上，部分中国企业倾向于采取"以量取胜"的策略，通过提升网帖发布密度强化账号活跃度；部分企业则倾向于采取"以质取胜"策略，着重通过议题策划，提升与海外受众的互动频率，进而寻求国际传播效果的提升。如2023年6

月，SHEIN 在 Instagram 平台上的内容发布量就远高于其 Facebook 账号，达 278 条；紧随其后的企业是 PATPAT，发布 199 条；名爵汽车发布 120 条。与之相比，小米官方账号（xiaomi.global）则凸显了少而精的特点，2023 年 6 月发帖 23 条，与 5 月基本持平。评论点赞等互动数据达 600 多万，与 SHEIN 的 650 万互动量差距不大。

在 Instagram 平台，符合年轻人喜好的时尚、美食、科技、旅游、艺术和摄影等领域的议题，关注度相对较高。

以 2023 年 7 月的传播数据为例，海信在 Instagram 平台上的篇均互动量高达 18.3 万；紧随其后的企业是大疆创新，互动量为 2.3 万；SHEIN 的互动量为 2.1 万。

大疆创新充分利用 Instagram 平台的特性，通过选择广受年轻人喜爱的户外探险作为应用场景，巧妙地将自身产品的时尚、酷炫、高科技等元素融入其中，受到年轻粉丝的热捧。例如，其 2023 年 7 月 10 日发布的 DJIMini3 Pro 在垂直模式下拍摄影像的网帖，就收获了 4.9 万次点赞、400 条评论。

大疆创新公司有效利用用户原创内容增强用户对品牌的信任和认可度，当其他用户分享其使用经验和创意作品时，潜在用户更容易相信这些真实的用户反馈和推荐。同时，用户原创内容具有较强的创意性，每个用户都有自己独特的视角和创作方式，通过照片、视频或故事等形式展示大疆创新产品的不同用途和特点。这种创意性可以吸引更多用户的关注和兴趣，让品牌宣传更加生动有趣。

大疆创新 2023 年 8 月 11 日发布的用户自创的新产品 60 秒视频介绍，收获了 6000 次点赞、45 条评论；8 月 6 日发布的用户原创的产品使用教程网帖也收获 1.6 万次点赞、77 条评论。网帖通过用户的视角分享产品的使用经验，原创的内容有效增强了用户对品牌的信任和认可度，能够帮助大疆创新建立更可靠和可信赖的品牌形象。

Insta360 作为一家主要生产、研发全景相机兼顾运动相机的科技厂商，重点选择在 Instagram 平台发力，策划推出多个通过深受年轻人喜欢的户外应用场景展现其运动相机拍摄性能的视频，吸引了不少海外网友互动点赞。Insta360 账号在 2023 年 9 月 18 日推出一个用运动相机记录一位自行车手冒险在悬崖峭壁骑行的视频，获得网友 46.7 万次点赞、5965 条评论。网友们在称赞骑手过人勇气的同时，也对 Insta360 运动相机的超强性能表达了赞赏。

此外，Insta360 还通过发布一系列详细教程视频来向用户科普产品使用知识，这些视频涵盖了从基础操作到高级技巧的各个方面，既能帮助消费者了解产品的基本功能，也为他们提供了专业级的拍摄技巧和灵感，从而提高了消费者对产品的认知度和兴趣。这类网帖形式具有很强的互动性和分享性，使 Insta360 的产品信息能够更广泛地传播，增强品牌的影响力。

花知晓账号则运用短视频、直播等创新形式，通过展示产品的使用技巧和实际效果，提供有价值的信息，吸引年轻用户的关注。例如，发布化妆教程、产品试用和妆前妆后对比等内容，展示如何使用花知晓的产品来打造不同的妆容。这些内容能够引起用户的兴趣,并激发他们购买产品的欲望。

(四) 中国企业 Linkedin 传播力指数

Linkedin 是全球最大的职业社交平台,用户主要包括各行各业的职场人士、学生、企业家等。此外,Linkedin 还拥有超过 200 万个公司页面和 690 万个职位机会。鉴于其平台特质,徐工集团等规模较大、具有全球化属性,以及与平台属性贴合度较高的企业,更易获得该平台用户群的关注,取得优质的国际传播效果。

2023 年 6 月,中国企业 Linkedin 传播力指数排序相对靠前的企业为徐工集团、隆基绿能、蔚来、华为、比亚迪、大疆创新、SHEIN、联想、吉利汽车、三一集团。

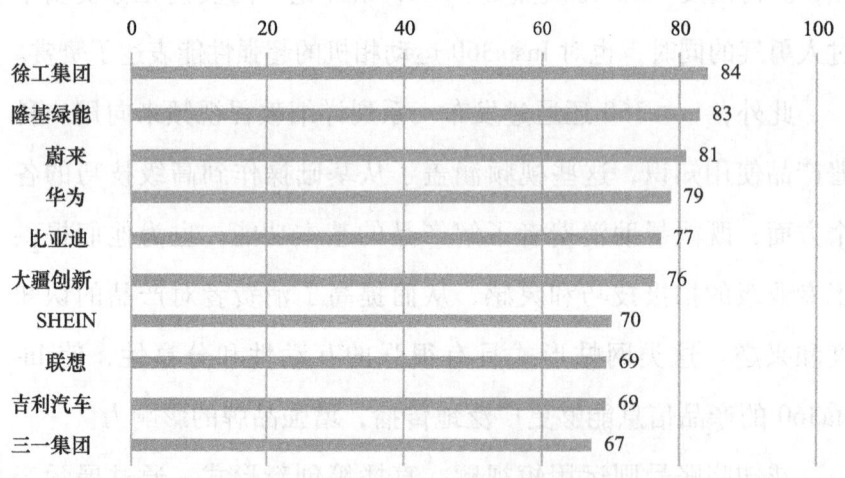

图 4　2023 年 6 月中国企业 Linkedin 传播力指数

资料来源:世研指数。

以徐工集团为例，其官方账号（XCMG Group）在 Linkedin 上共有约 12.3 万粉丝，2023 年 6 月发帖 28 条，带来的互动交流数据为 53048 次。

同时，在国际传播中，持续策划符合受众特点的传播内容，也是中国企业提升社交媒体国际传播效力的关键。例如 2023 年 9 月，徐工集团官方账号发布网帖称："#XCMG Apprentice 自 2014 年以来，徐工在巴西建筑业掀起波澜，位于普索阿雷格里的工厂占地超过 100 万平方米，其中包括 15 万平方米的仓库空间。我们拥有四个主要生产设施和十多个辅助单元，拥有零件、焊接、机加工、机器装配和喷漆所需的一切。2022 年，我们的产量飙升至 12345 台。但这还不是全部！徐工还在瓜鲁柳斯建立了拉美零部件和服务配送中心，占地 5 万平方米。此外，我们还拥有工厂认可的培训中心。激动人心的时代就在前方！请再次为我们巴西工厂即将推出的'徐工学徒'活动做好准备。"此网帖获 322 次点赞。

Linkedin 凭借其独特的用户定位与平台功能，帮助出海企业尤其是 B2B 卖家突破"精准流量"瓶颈，直达核心客群。在该社交平台上，企业以产品和技术为切入点，宣传公司理念和企业文化，既具有说服力，也更易吸引受众。

以比亚迪为例，其积极发布有关新能源汽车、技术创新、社会责任等方面的文章和视频。这些内容不仅传达了公司的核心理念和价值观，还向目标客户展示了比亚迪在新能源汽车领域的专业知识和技术实力。通过这种方式，比亚迪成功地扩大

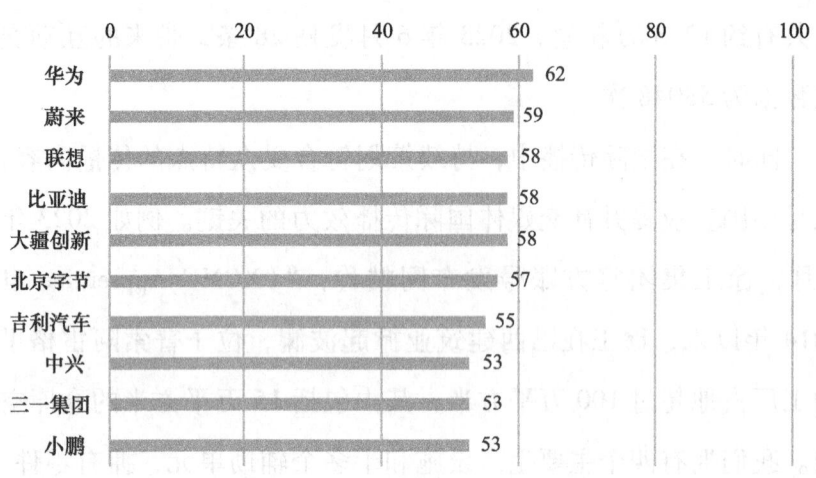

图 5　2023 年 9 月中国企业 Linkedin 传播力指数

资料来源：世研指数。

了品牌影响力，提升了品牌在目标客户中的知名度和美誉度。

产品交付、企业公益活动、企业文化建设类议题，也适合在 Linkedin 平台中传播。例如在 2023 年 7 月，蔚来获得欧盟新车安全评鉴协会（Euro NCAP）五星安全评级的相关内容，在其 Linkedin 官方账号（NIO）上获得较多关注。同时，与其他机构合作并建立全球设计师社区等议题，亦为企业带来部分关注度。

再以吉利为例，其以汽车安全为内容，在价值观与情感上争取读者认同，引发海外受众共鸣。结合企业行业属性，发布展示企业新型车辆的网帖，图片画面感较强，符合社交媒体传播特性，也取得了良好的传播效果。结合赛车等与企业属性相匹配的赛事，并以此为由头发布网帖，借力赛事热度体现产品性能，从而强化了企业海外形象美誉度。

再如华为，2023年8月，其发布的有关其培养科技行业年轻人才的"未来种子"计划相关内容也获得较多关注，有效传播了华为的企业文化，增强国际受众对华为的核心价值观和发展理念的认知和理解。

以结合场景应用的方式展示产品，并在网帖中应用具有亲切感的语言，能够在该平台中取得良好的传播效果。例如，大疆创新在一则介绍无人机展示活动的网帖中，结合不同场景展示了产品的应用。据网帖介绍，多个行业的100多名专业人士参加了此次活动。网帖还在最后写道"下一个演示日见啦！"，具有一定的邀请意味，在行文中体现出亲切感及活跃感，契合海外媒体的传播特点，传播效果良好。

总之，在国际传播中，议题对传播效果影响显著，而语言是呈现议题的重要载体之一，与议题的传播质量关系密切。在海外"发声"时，根据社交媒体特点及企业自身特色设计行文内容及语言风格，或可成为中国企业继续推进精细化国际传播的方向之一。

中国品牌出海的战略分析

刘志明[*]

过去几年，由中国倡导和推动的新一轮全球化正在成为全球经济发展新的助推力，随之而来的是中国品牌的出海热。这个热度不是一时的，未来会持续很多年。正如世界经济中心的迁移必然伴随着品牌中心的迁移一样，在新一轮全球化过程中，将会诞生一批中国的"新全球品牌"。

世界品牌实验室发布的2022年世界品牌500强名单显示，排名前五的国家分别是美国（198）、法国（47）、日本（46）、中国（45）和英国（35）。美国的全球品牌数量遥遥领先于其他国家。长久以来，"品牌化程度低"或"品牌力弱"是中国企业全球化过程中的致命短板，以致于国外消费者长期对中国产品、品牌有"廉价""质量差""不值得信任"等刻板印象。因此，中国品牌出海并不是难事，但打造全球品牌、实现可持续发展是一个长期过程，要面临多重考验。对于中国企业来说，

---

[*] 刘志明，中外传播智库理事长，中国社会科学院新闻与传播研究所研究员。

中国品牌出海的战略分析

出海的过程也是一个重新再造品牌的过程，如何制定行之有效的品牌战略是影响企业出海成败的关键因素。

在品牌出海的早期，由于中国企业还处于全球产业链的底端，往往更多关注短期的经济利益。但到了品牌全球化阶段，随着中国企业影响力的提升，利益相关方对中国品牌提出了更高的要求。中国出海企业也要重新定位，改变意识，制定长期可持续发展的品牌战略。从单纯强调知名度到"信任与陪伴"的品牌建设转向，不断提升品牌的美誉度。从长远来看，中国品牌出海是构建国际大循环的重要举措，也有助于对国内大循环的促进。

一　中国品牌全球化的发展历程与战略

（一）中国品牌出海的发展历程

中国品牌出海起步于中国加入世界贸易组织（以下简称"入世"），共分为三个阶段。第一阶段是从2001年入世到2007年，属于品牌出海的探索期。以传统工业产品出海为主，主打性价比。联想、华为、海尔、TCL等一些快速成长的中国企业通过美欧及其他国家的海外并购和投资推进国际化战略，引发广泛关注。其中，联想以12.5亿美元收购IBM全球PC业务，TCL并购法国阿尔卡特公司和法国汤姆逊公司相关资产，海信收购韩国大宇在南非的电视机生产基地等是这一时期的代表性事件。但对于多数出海企业来说，并没有从战略层面把全球化提至最高优先级，都是采取先做国内顺带做国际业务的方式。

第二阶段是2008—2014年。国际金融危机后，全球资产价格回落为中国对外投资提供了难得的机遇。首先，家电和电信企业进一步扩大了对外投资，并形成了全球性的研发、试验和制造体系。其次，新的制造业企业开始加入高科技对外投资的行列，特别是在重型机械部门和半导体行业表现得尤为突出。最后，中国的互联网平台企业也迅速扩张成长，并在国内形成了一定的规模后开始通过不同的方式进行对外投资和并购。在此期间，跨境电商、App出海、手机、消费电子、服装等行业也迎来了快速增长期。中国企业的对外并购在2008—2010年达到每年200亿—300亿美元，其中不少属于高科技对外投资，例如2010年吉利以18亿美元的价格收购沃尔沃轰动一时。

第三阶段是2015年到现在。2015年，国务院印发《中国制造2025》的通知，以"应对全球新一轮的科技革命和产业变革"，致力于整合中国制造业在全球的竞争力和口碑。这一时期，出海领域投融资交易数量开始急剧增加。而早期出海企业开始从跨境电商的渠道红利转向产品力和营销力。

在过去几年，由于中美经贸摩擦和疫情带来的内外环境恶化，中国国内市场的发展红利逐渐消失，越来越多的企业开始将海外市场提升到前所未有的战略高度。尽管存在种种风险与挑战，但中国品牌出海已进入快车道的大趋势并没有改变，海外市场正在成为企业发展的新蓝海。

越来越多的中国出海企业自成立之初就定义自己是全球性

品牌，将国际市场作为业务的核心与重点。其中，如无人机、智能运动器材、智能乐器、VR/AR 设备、智能手表/手环等消费电子品牌，凭借个性化、多元化场景，在海外市场成为各个细分领域的领导者或风向标。

（二）中国品牌全球化的推动因素

1. 供应链的溢出

供应链是中国出海品牌的核心优势。得益于国内最全的产业链结构、充分的产业链能力，出海的头部品牌也注定有机会成为国际品牌。未来，全世界的商品和解决方案类别，都可能被中国出海的企业重做一遍。从传统的消费品，到新兴的 SaaS 服务，再到全球性供应链平台。

中国企业出海，也是在自身形成了强大的产业能力和经营管理能力后，国内市场不断内卷的大背景下的自然外溢。除了大量制造业企业，服务型企业也纷纷开始出海。例如，茶饮企业蜜雪冰城、喜茶、奈雪的茶等除了进入东南亚市场，也开始布局日本、韩国等市场。

2. 技术优势

在中国企业擅长的供应链和商业模式创新之外，逐步诞生了真正可称得上"技术出海"的企业。与前行者们不同，这群人的本质是中国商业生态，或者说中国创业者能力的溢出。

过去 20 年的中国企业国际化和出海，是以大企业为核心的。未来，品牌出海的主角换成了数字化的中小企业。人工智能、工业4.0、移动互联网、云计算、电商、社交媒体、远程办公、电商物流系统等快速发展，使广大中小企业也能发展成为"新型全球企业"。

3. 品质优势

过往中国产品的唯一代名词是便宜，但从品质来讲，中国商品早已形成了足够的竞争力。过去10年，从"中国制造"到"中国智造""中国创造"，中国品牌已逐渐摆脱廉价标签，迭代为高附加值、高溢价的产品。在一些细分赛道，中国企业通过产品和商业模式的创新，在海外市场已取得重大突破，本地化运营以及资源全球化配置已成为中国企业出海所具备的能力。

（三）中国出海品牌的战略举措

经过十多年的发展，中国企业出海已行至深水区。仅仅依靠产品力已无法参与国际竞争，每个企业都需要制定自身的品牌战略，通过提升品牌力实现可持续、高质量的增长。海外的品牌传播实际上是一个重新再造品牌的过程，借助数字传播加速崛起，并通过长期坚持投入提升影响力是一个行之有效的路径。基于对主要出海企业的案例研究，在制定出海品牌的传播战略时，以下三方面举措往往至关重要。

1. 全球本土化战略

中国企业在制定和实施出海品牌战略时，首先必须立足全球化和国际化，做到"国际化团队、国际化视野"。国际传播的成果，关键是具备跨文化管理能力。深度理解不同地区、民族、宗教的文化差异，建立自己的核心价值观和企业文化，让来自不同国界的人真正融为一体。另外，又要做到本土化，建设"本地化"品牌传播团队，能够找到代表中国品牌与当地市场沟通的桥梁。

2. 重视新媒体传播

对于中国出海品牌来说，国际社交媒体以及各种新媒体是再造品牌、提升国际影响力最重要的工具。为此，改变对新媒体的认知，提升对新媒体的重视程度，这是做好国际传播的前提条件。

总体来看，全球共同的趋势是公众对传统广告信任程度一直在降低，意见领袖或社交媒体上的网红对消费者的影响更加直接。

3. 重视用户洞察

品牌建设的关键是用户洞察本身，只有更好地理解海外用户、满足用户需求，品牌才能实现与用户的深度连接。为此，出海品牌要建立完善的用户洞察体系，持续收集和分析用户评价数据。

二 海尔：全球化品牌战略的三大举措

海尔的国际化始于1998年。在国内家电行业还处于混乱竞争的状态下，海尔就提出："走出国门，与狼共舞。"目前，海尔在全球拥有35个工业园、138个制造中心、126个营销中心，全球销售网络遍布 200 多个国家和地区。海尔成了真正意义上的全球品牌，并在持续扩大自己的海外版图。

2022 年，海尔智家实现营收 2435.14 亿元，同比增长 7.2%。其中，海外收入首次超过了国内，实现营收 1254.24 亿元，逆势增长 10.3%。

海尔的全球化品牌战略主要包括以下三大举措。

1. 坚持自主创牌

当其他品牌埋头中国制造、贴牌出口，海尔率先在美国建厂，坚持以自主品牌出口海外。通过坚持"自主创牌"，成功打造出全球化生产体系，再通过海外整合，不断完善品牌矩阵，全面覆盖日系、美系、欧系等多个主流品牌。如今，海尔坐拥美国 GE Appliances、新西兰 Fisher &Paykel、卡萨帝、统帅、日本 AQUA 等品牌，形成了"世界第一家电品牌集群"，为全球消费者带来不同层次的家电产品。

2. 与并购品牌实现共赢

2016 年，海尔完成收购 GEA。GEA 是美国领先的家电公司，大家电销售在北美市场份额位居第一，同时拥有一流的物流分销能力和强大的零售网络。不同于传统企业并购的全盘接管，海尔此次利用"轻度整合"的方式给予了 GEA 在管理和经营方面充分的自主权。GEA 不仅可以继续保留自身的品牌，其管理层、产品战略、美国生产基地也都将保存。可以看出，海尔其实更加追求基于双方共同愿景与战略之上的协同发展，也就是所谓的"双赢"局面，而这也是海尔在互联网转型探索中始终秉持的合作理念。

3. 坚定推进"当地化"

企业进行国际化战略时要考虑一个最基本的问题：是全球化还是当地化？所谓"全球化"是指企业针对全球设计生产产品，不考虑或较少考虑地方差异，这是国际化发展的高级阶段。而"当地化"则重视当地特殊的消费需求，强调针对当地市场设计和营销产品，其最大优势在于提供满足地方需求差异的产品。张瑞敏说："海尔的观念是思路全球化，行动本土化。"

目前，海尔在全球的竞争战略正是当地化战略。海尔一直在围绕用户需求打造新产品，世界成了海尔的试验田：在欧洲，针对天气多雨潮湿的特点，推出了大容量除菌干衣机；在印度，根据用户的素食文化特点，推出了不用弯腰的冰箱；在巴基斯坦，针对当地用户需要存放大量肉类的需求，研发出一次可放入12头羊的冷柜；在非洲，针对当地经常停电的情况，推出停电以后可以100小时持续不化冻的冷柜；在俄罗斯，考虑到当地极端寒冷的冬季和酷热的夏季气候条件，推出从零下30℃到零上60℃都可以制热制冷的空调；在日本，针对人均居住面积较小的情况，推出了3门超窄冰箱、宽度仅50厘米的前开门式冷柜等精致轻薄型产品。

三 TCL：以影视和体育营销提升全球品牌影响力

TCL的创业史可以追溯到1981年，其前身是中国首批合资企业之一"TTK家庭电器（惠州）有限公司"，最初从事磁带的生产。1985年，TCL通讯设备有限公司成立，开始了电话机的生产和销售，同年TCL品牌正式创立。1989年，TCL电话机产销量跃居全国同行业第一名，并一直保持领先地位。1992年，TCL开始涉足彩电行业，成功研制出TCL王牌大屏幕彩电。目前，TCL已经成为一家全球性的智能产品制造及互联网应用服务企业集团，旗下拥有多家上市公司，业务涵盖多媒体、通讯、家电、电工四大领域，还布局了半导体显示及材料、新能源光伏等领域。

TCL的全球化扩张始于21世纪初。2002年，TCL并购了百年名企施耐德的彩电业务，2004年又斥巨资并购了彩电鼻祖汤姆逊的彩电业务，但带来了惨痛的教训。汤姆逊是全球拥有最多CRT彩电技术专利的彩电巨头，但由于LCD（液晶显示）技术迅速崛起，汤姆逊的CRT彩电瞬间失去市场。紧接着，TCL又收购了全球通信巨头阿尔卡特，但在诺基亚、摩托罗拉等手机的冲击下，TCL手机在国内市场毫无竞争力。

为应对这些挑战，TCL集团采取了多种措施进行调整和改进，包括重组欧洲业务、加强研发和创新、提高品牌知名度等。经过多年的努力，TCL集团在欧洲市场的业务逐渐恢复了稳定，并开始实现盈利。

2014年，TCL集团在美国市场取得了重要的突破，共销售了36万台电视，并成功实现了盈利。2015年，TCL电视在美国市场的年销量突破了100万台，成为美国市场成长最快的电视品牌。这一成就的关键在于与流媒体设备商 Roku 合作推出的 TCL Roku TV 产品。这一产品以其先进的流媒体技术和优异的性能表现，深受美国消费者的喜爱，特别是年轻一代的认可。

到了 2018 年，TCL 在美国市场的占有率排名第三，保持着稳定的市场地位。而在 2022 年，TCL 更是超越了 LG，成为美国市场的第二大电视品牌，进一步提升了其市场地位。

在海外品牌传播战略上，TCL 以影视和体育营销为核心抓手来提升其全球品牌影响力。1927 年，洛杉矶好莱坞星光大道核心地带一家名为"中国大剧院"（China Theater）的剧院正式开张。该剧院的建筑风格中西合璧，它不仅是众多好莱坞影片的首映场地，还是奥斯卡金像奖等众多电影奖项的颁发场地。剧院广场的影视巨星的手印、脚印、签名也闻名世界，让这里成为旅游胜地。

2013 年，TCL 与"中国大剧院"签订了为期十年的冠名合约。当年 1 月 11 日，"中国大剧院"的英文名称正式改为"TCL Chinese Theatre"。十年来，每一个提到"中国大剧院"的报道都要带上 TCL 这个名字。可以说只要是关注好莱坞的人，就一定不止一次听到它。

与"中国大剧院"的合作是 TCL 实施全球化战略的重要一环，这一合作不仅提高了 TCL 品牌的国际知名度，也让 TCL 找到了以本土行业标杆为市场伙伴的价值营销策略。通过与全球知名的圣地亚哥动漫展（SDCC）的合作，TCL 得以将其品牌形象与动漫、游戏等文化紧密联系在一起。2023 年，TCL 成为美国职业橄榄球大联盟（NFL）的官方赞助商。

四 大疆无人机：立足欧美市场走高端品牌路线

大疆创新科技有限公司于2006年在深圳成立，是一家无人飞行器控制系统及无人机解决方案的研发生产公司。凭着自身强大的科技实力与专利技术，大疆如今占据着全球无人机市场80%的份额，成为无人机领域的产业龙头品牌。根据Frost & Sullivan机构的研究数据，大疆每年售出约40万台无人机，其净利润每年超过60亿美元。

与很多中国企业立足国内市场然后"走出去"的路线不同，大疆是少有的在走向海外市场的一开始就走高端品牌定位路线的中国企业。

海外无人机市场的发展比较早，因此市场受众对无人机的接受度也较高，大疆无须从零开始培养市场。欧美市场相对较为广阔和成熟，拥有全球最庞大且消费能力最高的智能产品消费群体。这些消费者对于智能产品中的专利技术和创意价值有着较高的认可度，并且愿意为这些产品买单。此外，海外市场还有更专业的消费群体，他们能够提供有针对性的产品意见反馈。这些反馈有助于大疆更有效地进行产品优化，以更好地满足当地市场的需求。

在进入美国市场的初期，大疆瞄准了具有全球话语权和影响力的影视和科技行业。通过将产品送给好莱坞明星和硅谷科技精英试用，大疆逐步建立了口碑。大疆开始出现在如《国土安全》（*Homeland*）、《摩登家庭》（*Modern Family*）、《生活大爆炸》（*The Big Bang Theory*）等热播的影视作品中。许多好莱坞明星和硅谷名人也成为大疆产品的首批种子用户。2015年上半年，美国广播公司的摄制组前往冰岛，运用大疆无人机航拍直播火山喷发，那一期的节目成为大疆在北美品牌影响力快速提升的一个里程碑事件。

目前，大疆在海外市场销售的产品涵盖了多个领域。对于个人家庭日常摄影需求，大疆推出了消费级无人机产品系列，如"御"Mavic系列、"晓"Spark系列和"精灵"Phantom系列。这些产品受到了广大消费者的青睐。

文旅类

2023年全国省级文旅政务新媒体传播力报告

杨斌艳　刘嘉琪　崔乃文[*]

党的二十大报告强调："坚持以文塑旅、以旅彰文，推进文化和旅游深度融合发展。"这表明了文化和旅游的相互促进作用。与此同时，党的二十大报告还强调："加强全媒体传播体系建设，塑造主流舆论新格局。"当前，互联网给媒体领域带来了一场前所未有的变革。文旅政务新媒体在这一变革中要牢牢掌握全媒体时代舆论场的主动权和主导权，使互联网这一最大变量变成文旅发展的最大增量。这就需要文旅系统政务新媒体坚持效果导向。并且，在中共中央办公厅、国务院办公厅印发的《关于加快推进媒体深度融合发展的意见》中也明确提出，要加强评估考核，推动媒体深度融合发展各项任务落到实处。

基于此，在文旅部新闻中心的指导下，中国社会科学院舆

---

[*] 杨斌艳，中国社会科学院新闻与传播研究所副研究员、网络信息与智能传播研究室副主任、传媒调查中心主任，中国社会科学院大学新闻传播学院硕士生导师，研究方向：舆情与社会治理、新技术与传播、青少年网络行为与网络文化；刘嘉琪，中国社会科学院新闻与传播研究所助理研究员、传媒调查中心副主任，研究方向：数据科学与舆情分析、社交媒体与用户心理行为；崔乃文，中国社会科学院新闻与传播研究所助理研究员，主要研究方向为国际传播、新媒体研究等。

情实验室联合中国旅游报社构建全国省级文旅政务新媒体传播力指数，以期在充分认知文旅系统政务新媒体平台实际传播效果的基础上，以评促建、以评促改，不断优化宣传推广思路，全面提升文旅系统政务新媒体的传播力、影响力。

一 评价体系建构基础

（一）评价目标

对文旅系统政务新媒体传播力的评价不仅是对其内容生产、平台运营的重要反馈，更是文旅系统政务新媒体发展侧重点调整、内容生产运营改进的重要参考。只有建立一套科学直观的评价指标体系，才能更好地改进工作，提升文旅系统政务新媒体传播力，提升文旅产品的吸引力，最终推进文旅融合发展。本指标体系的基本评价目标在于以下三方面。

第一，推动主力军全面挺进主战场。政务新媒体作为宣传政府相关政策的重要传播渠道，需要适应互联网时代的传播规律，关注网络新应用新业态，推动主流舆论占领新兴传播阵地。面对新媒体平台，亟须一个能够顺应全媒体时代发展趋势的评价、监督和管理的一体化体系。在这个评价体系的帮助下，各级文旅部门可以不断优化其政务新媒体的内容供给和平台运营逻辑，推动"主力军全面挺进主战场"。

第二，提升文旅产品和服务吸引力。互联网时代，各类网络平台、社交媒体成为人们的第一信息源。利用好社交媒体、

2023年全国省级文旅政务新媒体传播力报告

网络平台，打造群众喜爱、刷屏热传的爆款、热文，有助于增加文化产品、旅游服务的吸引力，促进文化产业、旅游产业发展。故宫、丁真、淄博烧烤等近年来的文旅爆款，都是先在微信、微博、短视频平台等社交媒体上形成热点后，带动相应的文化、旅游产业发展。因此，要建立科学完善的文旅系统政务新媒体评估体系，着力提高文旅系统政务新媒体的传播效果，促进文旅产品的宣传，提升文旅产品和服务的吸引力，促进文旅产业发展。

第三，推进文化和旅游的融合发展。推进文旅融合发展是兴文化、建设社会主义文化强国的重要部分。文旅系统政务新媒体传播力指标体系的构建，一方面是为党和政府有关文旅产业发展相关方针政策"飞入寻常百姓家"，另一方面是为各地文旅部门有的放矢地提高当地文化、旅游产品和服务的宣传效果。总的来说，文旅系统政务新媒体传播力指标体系是通过检验、提高文旅系统政务新媒体传播效果，从而推进文化和旅游的融合发展，助力建设社会主义文化强国。

（二）评价对象

微信、微博、抖音已经成为当前时期最受大众欢迎的新媒体平台。根据官方发布的数据，微信的日活跃用户数量约为11亿，有3.6亿人每天浏览公众号来获取对外界的认知，微博月活跃用户数量达到5.82亿，抖音日活跃用户数量已经达到了6亿。从以上数据可以看出，三大平台的传播几乎覆盖了中国所有层次的互联网用户。基于此，近年来全国各级行政部门高度重视新媒体的传播工作。数据显示，目前的政务微信小程序达9.5万个，抖音已有逾2万政务新媒体入驻，经新浪平台认证的政务机构微博达14.5万个。目前，这三个社交媒体平台已成为全国各级行政部门宣传政策、服务民生、解决问题、传递信息等的重要渠道。

省级文旅系统也大都开设了微信公众号、微博和抖音短视频平台账号。根据官方数据，各省级文化和旅游微信公众号月发布量超4000篇，每篇平均阅读量近2000人次。从微博粉丝量来看，福建省文化和旅游厅有1030.9万，文旅山东有884.8万，广西文化和旅游厅有609.9万，河南省文化和旅游厅官方微博有336.2万，还有不少省级文旅政务微博粉丝量超过100万。在抖音短视频方面，以好客山东为例，其月播放量可超千万次。

可见，政务新媒体已经成为网络时代，政府相关部门传播声音、与民众互动的重要渠道。而文化和旅游系统的政务新媒体也已形成规模，汇聚起自身的受众群。它们的诸多实践为设计文化和旅游系统政务新媒体传播力指标体系提供了实践基础。因此，本指标体系以微信、微博、抖音三大平台为主，对中国内地（大陆）31个省份（暂不含中国香港、中国澳门、中国台湾地区）、新疆生产建设兵团的文化和旅游行政部门政务微信公众号、微博、抖音三个平台的政务新媒体账号展开分析与测评，引导各级文旅部门充分重视主要新媒体平台的舆论场效能，加快构建舆论引导新格局，形成文化和旅游系统全覆盖的宣传声势。

（三）评价原则

一是坚持主流价值引导。本指标体系的考察对象为文旅系统政务新媒体账号，即各级文旅部门所主管运营的相关账号。其所发布的内容代表各级政府的声音，反映主流价值。

二是坚持权威独立公正。由专家组对体系的构建、成果输出和落地应用进行全流程指导、审核和把关，保证评价体系具有行业引领性、权威性。

三是坚持全面可行实用。立足网络传播规律，综合各平台传播特点，平衡传播效果反映程度与数据抓取难度，建立了一套综合全面、切实可行的评价体系。

四是坚持科学开放易行。强化过程专业化和规范化，体现结果的科学性；同时，考虑未来行业不断发展的空间，保持体系的开放性；考虑到按期发布榜单，保证体系可操作、易操作。

五是坚持先易后难推进。紧密关注网络发展新应用、新业态，结合各平台传播特点，按照先易后难原则，分步实施，稳步推进，逐步完善。

（四）联合评估模式

近年来，中国学界和业界持续关注政务新媒体，从传播效果、传播方法、与社会治理的关系等方面都进行了探索性的研究。基于以往的评估实践，升级乃至重构新的评价体系，这是新时代建设具有传播力、公信力、影响力和引导力的政务新媒体的题中应有之义。总体上看，对于政务新媒体的评估有"三大评价主体"，呈现"三种评价模式"。

第一，由学术机构主导。源自西方的传播学经典理论在引入中国时就面临着"本土化"的问题。国内学者立足中国政务新媒体传播的具体实践以及国家对社会治理的要求，对中国政务新媒体传播力进行研究。现有对政务新媒体传播力效果评估的研究主要有三种路径。一是立足单一平台，关注同一社交平台上不同地区同类型政务新媒体的传播力。二是立足某一地区的政务新媒体运营或某一政务新媒体账号运营，以案例的方式评估传播效果。三是立足某一地区的政务新媒体或某一政务新媒体账号的同时，关注某一热点事件发生的特定时间段，研究评估其传播效果。现有的研究大都过于微观，不能全面综合政务新媒体传播力的全貌，其中也鲜少专注于文化和旅游系统的政务新媒体传播力评估的研究。因此，需要一套基于前期政务新媒体传播效果的研究，着眼于文化和旅游系统政务新媒体的更为全面综合的评估体系。

第二，由商业机构主导。商业机构主导的评估方法，资本导向明显，偏重于评价对象的经济价值。作为传播效果评估的重要一方，商业机构提供的相关数据、报告是媒体运营的重要参考。这类机构通过技术手段监测页面数据，并综合各渠道数据形成指标体系，常见的有新榜的"新榜指数"、清博的"清博指数"。此外，作为渠道方的微博、微信、抖音等平台，也基于自有平台留存数据开展评价。

第三，由媒体机构主导。随着传统媒体融合发展的推进，许多传统媒体自己拥有技术手段，可以获取多个平台的数据，从事传播效果评估工作。例如，人民网舆情数据中心就对政务新媒体的传播力、服务力、互动力和认同度等进行过评估排行。

综上，学界和业界已有一定的研究基础和探索，这是本指数重要的研究参考。本指标体系基于前期的评价研究基础，采用"学术+媒体+第三方商业机构"的综合评价模式。具体看来，从媒体层面，本评价指标体系是在充分调研、理解文旅系统政务新媒体的真实需求基础上设置的，以评促改，力图为文旅系统政务新媒体发展注入活力。从学术层面，在经典传播学理论和专家经验的有机支持下，评价框架的构建和评价指标的遴选具有科学性、发展性。从第三方商业机构层面，及时动态获取评价对象的实践数据，使评价过程具有可操作性和客观性。此综合模式荟萃了先前评价体系的特色，形成了既有现实关照又有理论高度的独家优势。

二 评价体系框架与指标设计

（一）评价视角

定量分析政务新媒体账号的传播影响力需要综合各方面因素，结合各新媒体平台传播规则及数据特点，选定特定指标作为测算维度，并根据具体传播数值的实际分布情况进行加权。

具体来看，文化和旅游系统政务新媒体传播力评价维度的选择主要包含两个视角：一是从发布者视角衡量政务新媒体机构的工作积极性，二是从受众视角检验信息的实际传播效果。其中，政务新媒体机构的工作积极性的评估主要通过其创作活跃度（尤其是考察原创内容的积极性）、与受众主动进行互动的活跃度来实现，而信息的实际传播效果则通过用户的阅读量、转发量、评论量、点赞量等数字行为和粉丝增长来直观体现。

（二）学理框架

拉斯韦尔（Harold Lasswell）1948年在《传播在社会中的结构与功能》一文中提出了"5W"理论，"5W"分别为Who（谁）、Say What（说了什么）、in Which Channel（通过什么渠道）、to Whom（对谁说）和with What Effect（有什么效果）。"5W"理论在传播学中有着重要的影响，该理论自提出至今已有70多年的历史，时至今日仍然被广泛应用于传播学的各个方面，特别是传播效果的评价体系中。将5W传播模型应用于传播效果的评价体系中的关键在于，能够使传播主体清楚地认识到传播目的，准确地掌握受众偏好，并通过恰当的渠道将合适的信息传达给受众，从而达到最佳的传播效果。

基于各省文化和旅游行政部门政务微信公众号、微博、抖音三个平台的政务新媒体账号的数据及内容进行监测和采集，参考拉斯韦尔5W模型，建立基于5W模型的结构框架和指标体系（见表1）。

2023年全国省级文旅政务新媒体传播力报告

表1 基于5W模型的文旅政务新媒体账号影响力结构框架

	具体内容
传播者（What）	文旅政务新媒体账号
讯息（Say What）	发帖类型：图文帖+视频帖 创作情况：原创+转发
媒介（in Which Channel）	主流社交媒体平台（微信公众号、微博、抖音）
受传者（to Whom）	粉丝数：关注账号的粉丝数量
效果（with What Effect）	用户互动：浏览、收藏、点赞、转发、评论

结合各新媒体平台传播规则及数据特点，选定以下指标作为评价文化和旅游行政部门政务新媒体实际的讯息发送情况、受传者认同情况以及传播效果的观察点。其中，对讯息的考察包括发帖类型和创作情况；受传者认同以粉丝数变动情况来纵向衡量；用户互动主要包括转发、评论、点赞、阅读，还有粉丝量。具体来看，用户浏览可以反映受众对文章或者视频内容感兴趣，特别是被文章或者视频的题目吸引。用户点赞代表受众被内容调动起积极情绪，对内容表达的观点表示认同。用户评论是受众对内容的直接评价，体现了选取话题是不是大家感兴趣的，观点有没有新意，语言是否乏味无趣，发挥了用户的主观能动性。用户收藏文章或视频，说明该内容对自己有帮助，先收藏以备后面查阅。用户转发，更多可能表明用户认可文章观点，希望通过分享向外推荐。通常这些数据都便于统计、可量化，也非常直观。因此，通过用户的阅读量、转发量、评论量、点赞量等数字行为和粉丝增长来体现信息的实际传播效果。

(三) 具体指标构成

省级文旅政务新媒体传播力指数包括省级文旅政务微信公众号传播力指数、省级文旅政务微博传播力指数、省级文旅政务抖音号传播力指数三大子指数（见图1）。

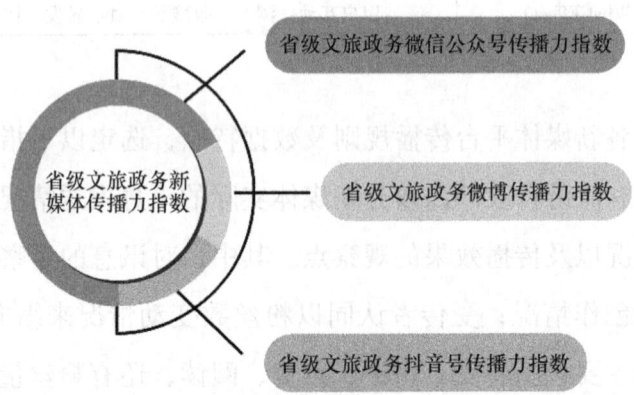

图1 省级文旅政务新媒体传播力指数体系构成

1. 省级文旅政务微信公众号传播力指数构成

省级文旅政务微信公众号传播力指数＝微信公众号传播力分数×80%＋文旅部政务新闻微信推广力分数×20%。

微信公众号传播力分数的评价维度包括整体传播力、篇均传播力、头条传播力和峰值传播力四个方面，这四项指标所占权重分别为整体传播力60%、篇均传播力20%、头条传播力10%、峰值传播力10%，衡量指标包括发布文章篇数、总阅读数、头条阅读、总在看数等。

文旅部政务新闻微信推广力分数＝（各地区文旅政务微信公众号实际转发数/要求转发数）×80＋各地区文旅政务微信号

主动转发数×5（各地区文旅政务微信号主动转发数等于或超过4篇的，按满分20计算）。

表2　　　　　　　微信公众号传播力分数计算方法

微信公众号传播力分数			
一级指标	二级指标	指标权重	二级指标计算方法
整体传播力 A1（60%）	日均阅读数 R/d	85%	A1 = 0.85ln（R/d + 1）+ 0.09ln（Z/d×10 + 1）+ 0.06ln（L/d×10 + 1）
	日均在看数 Z/d	9%	
	日均点赞数 L/d	6%	
篇均传播力 A2（20%）	篇均阅读数 R/n	85%	A2 = 0.85ln（R/n + 1）+ 0.09ln（Z/n×10 + 1）+ 0.06ln（L/n×10 + 1）
	篇均在看数 Z/n	9%	
	篇均点赞数 L/n	6%	
头条传播力 A3（10%）	头条（日均）阅读数 Rt/d	85%	A3 = 0.85ln（Rt/d + 1）+ 0.09ln（Zt/d×10 + 1）+ 0.06ln（Lt/d×10 + 1）
	头条（日均）在看数 Zt/d	9%	
	头条（日均）点赞数 Lt/d	6%	
峰值传播力 A4（10%）	最高阅读数 RmaX	85%	A4 = 0.85ln（RmaX + 1）+ 0.09ln（ZmaX×10 + 1）+ 0.06ln（LmaX×10 + 1）
	最高在看数 ZmaX	9%	
	最高点赞数 LmaX	6%	
微信公众号传播力分数 =（0.6×A1 + 0.2×A2 + 0.1×A3 + 0.1×A4）×10			

2. 省级文旅政务微博传播力指数构成

省级文旅政务微博传播力指数 = 微博传播力分数×80% + 文旅部政务新闻微博推广力分数×20%。

微博传播力分数的评价维度包括累计影响力、创作活跃度、整体传播力和用户黏度指数四个方面，权重分别为累计影响力5%、创作活跃度20%、整体传播力65%、用户黏度指数10%。

文旅部政务新闻微博推广力分数 =（各地区文旅政务微博实际转发数/要求转发数）×80＋各地区文旅政务微博主动转发数×5（各地区文旅政务微博主动转发数等于或超过4篇的，按满分20计算）。

表3　　　　　　　　微博传播力分数计算方法

一级指标	二级指标	指标系数	一级指标计算方法
累计影响力 B1 (5%)	粉丝量 X1	1	B1 = 1×ln（X1＋1）＋ 0.5×ln（X2＋1）＋ 1×ln（X3＋1）
	关注数 X2	0.5	
	微博数 X3	1	
创作活跃度 B2 (20%)	新增微博 X4	1	B2 = 1×ln（X4＋1）＋ 10×ln（X5＋1）＋ 2×ln（X6＋1）＋ 3×ln（X7＋1）
	新增原创微博 X5	10	
	新增图片 X6	2	
	新增视频 X7	3	
整体传播力 B3 (65%)	阅读量 X8	2	B3 = 2×ln（X8＋1）＋0.1 ×ln（X9＋1）＋ 0.1×ln（X10＋1）＋ 0.2×ln（X11＋1）＋ 0.2×ln（X12＋1）＋ 0.2×ln（X13＋1）
	转发量 X9	0.1	
	原创微博转发量 X10	0.1	
	评论量 X11	0.2	
	原创微博评论量 X12	0.2	
	点赞量 X13	0.2	
用户黏度指数 B4 (10%)	粉丝变化值 X14	0.5	B4 = 0.5×ln（X14＋1）＋1 ×ln（X15＋1）＋1×ln （X16＋1）
	主动评论数 X15	1	
	主动转发数 X16	1	
微博传播力分数 =（0.05×B1＋0.2×B2＋0.65×B3＋0.1×B4）×10			

注：粉丝变化值：$X14 = \ln[\ln（粉丝变化数＋1）^{\ln（阅读数×转发量＋1）} ＋1]$；若粉丝数减少，则X14取值为0。

3. 省级文旅政务抖音号传播力指数构成

省级文旅政务抖音号传播力指数 = 抖音号传播力分数 × 80% + 文旅部政务新闻抖音推广力分数 × 20%。

抖音号传播力分数综合考量了每个账号在一段时间内的新增作品数、播放量、转评赞数及粉丝数等，评价维度包括发布指数、互动指数和覆盖指数三个方面，权重分别为 10%、76% 和 14%。

文旅部政务新闻抖音推广力分数 =（各地区文旅政务抖音实际转发数和参与话题数/要求转发数与参与话题数）× 80 + 各地区文旅政务抖音主动转发数和参与话题数 × 5（各地区文旅政务抖音主动转发数和参与话题数等于或超过 4 次的，按满分 20 计算）。

表 4　　　　　　　　抖音号传播力分数计算方法

抖音号传播力分数			
一级指标	二级指标	指标权重	一级指标计算方法
发布指数 C1（10%）	新增作品数 X1	100%	$C1 = 1 \times \ln(X1 + 1)$
互动指数 C2（76%）	播放量 X2	40%	$C2 = 0.4 \times \ln(X2 + 1) + 0.3 \times \ln(X3 + 1) + 0.2 \times \ln(X4 + 1) + 0.1 \times \ln(X5 + 1)$
	分享数 X3	30%	
	评论数 X4	20%	
	点赞数 X5	10%	
覆盖指数 C3（14%）	新增粉丝数 X6	11%	$C3 = 0.11 \times \ln(X6 + 1) + 0.89 \times \ln(X7 + 1)$
	总粉丝数 X7	89%	
抖音号传播力分数 = $(0.1 \times C1 + 0.76 \times C2 + 0.14 \times C3) \times 10$			

三 2023年全国省级文旅政务新媒体传播力指数

2023年4月1日起，文旅部办公厅恢复审批对外文化和旅游交流出来访团组，标志着中国旅游市场的进一步复苏回暖。本研究以2023年4月全国省级文旅政务新媒体实际运营数据为分析样本，执行上述评价体系得到第一期结果。

（一）省级文旅政务微信公众号传播力指数分析

从2023年4月各省级文化和旅游行政部门微信公众号的表现来看，指数得分较高的微信公众号为"好客山东之声""贵州省文化和旅游厅""四川文旅厅""河南省文化和旅游厅""清新福建 文旅之声""湖北文旅之声""文旅北京""乐游上海""文旅湖南""新疆是个好地方"。监测时间范围内，"好客山东之声"共发布文章33篇，总阅读量为37.1万次，总点赞数为6905次。

2023年4月，监测到各省级文化和旅游微信公众号共发布文章4180篇，"河南省文化和旅游厅""内蒙古自治区文化和旅游厅""青海文旅"均超过200篇。从阅读总量来看，共18个微信公众号高于10万次，其中阅读量最多的是"湖北文旅之声"，有52万次。从平均每篇阅读量来分析，阅读量均值为1994人次。其中，"好客山东之声"最高，为11251次。

2023年全国省级文旅政务新媒体传播力报告

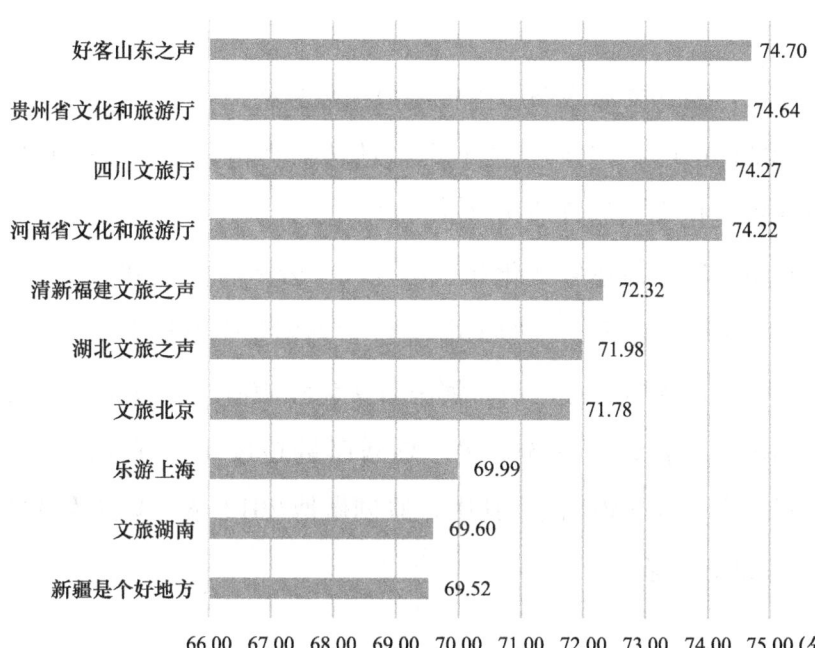

图2 2023年4月各地区省级文旅政务微信公众号传播力指数得分

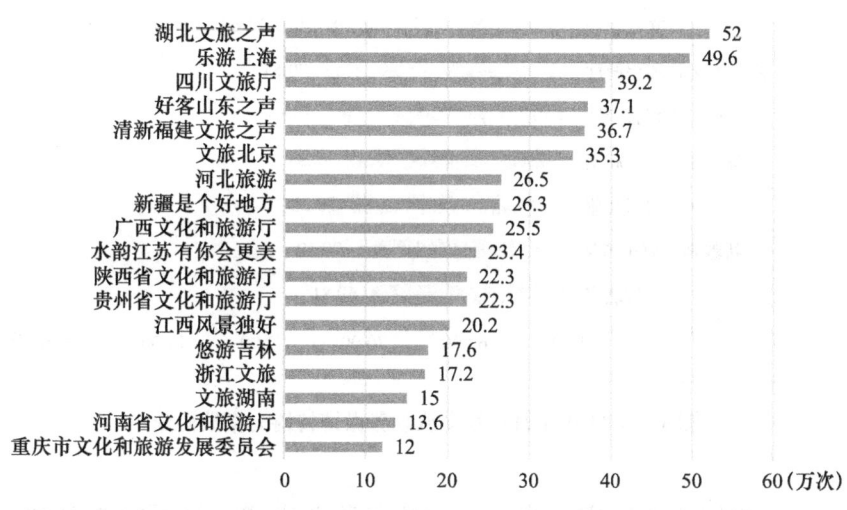

图3 阅读总数超10万次的省级文旅微信公众号

（二）省级文旅政务微博传播力指数分析

2023年4月，省级文旅政务微博传播力指数排在前列的为"河南省文化和旅游厅官方微博""悠游吉林""江苏微旅游""文旅山东""福建省文化和旅游厅""云南省文化和旅游厅""三湘四水—文旅湖南""四川文旅""新疆是个好地方V""文旅北京"。监测时间范围内，河南省文化和旅游厅官方微博共发布2015条微博，转发383次，总阅读量超过664万次，评论295条，总点赞1607次。其中，原创微博2013条，被转发334次，评论261条。

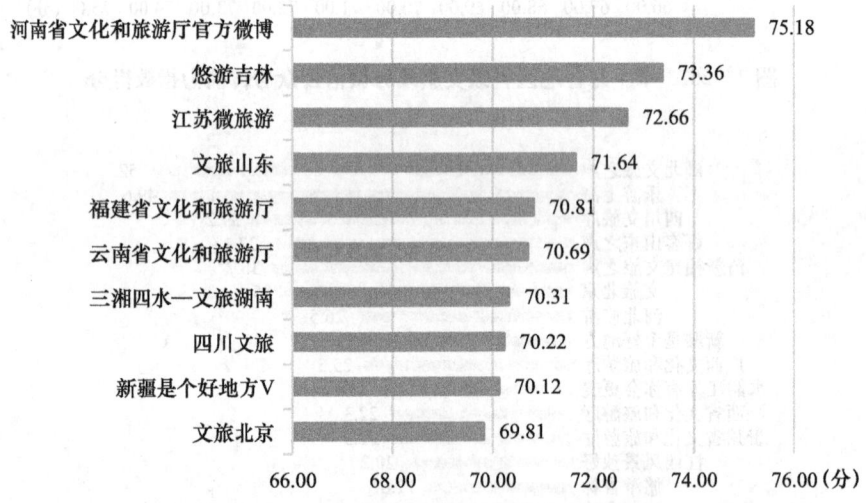

图4　2023年4月省级文旅政务微博传播力指数得分

从原创微博发文数来看，"河南省文化和旅游厅官方微博""文旅山东""四川文旅""畅赏黑龙江"排在前列。

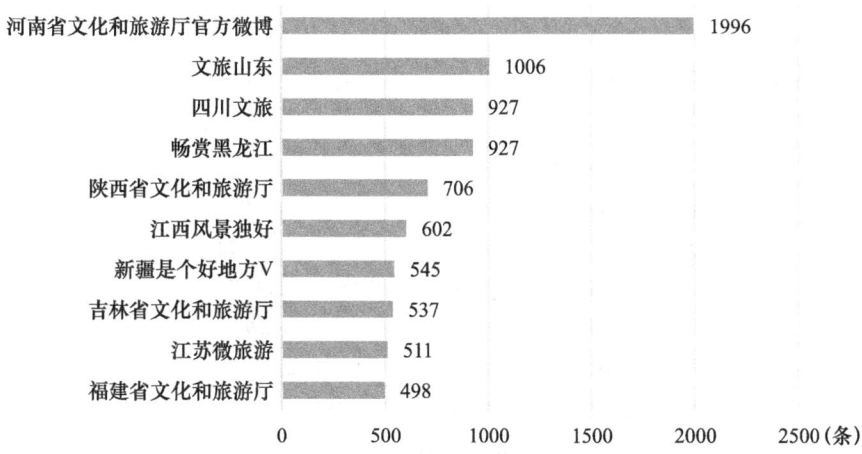

图5 省级文化和旅游政务微博原创微博发文数

（三）省级文旅政务抖音号传播力指数分析

2023年4月，省级文旅政务抖音号传播力指数得分较高的是"好客山东""山西省文化和旅游厅官方账号""乐游冀""中国西藏旅游""河南省文化和旅游厅""广西文化和旅游厅""悠游吉林""四川文旅""河北旅游""云南省文化和旅游厅"。监测时间范围内，"好客山东"共发布视频81个，累计获得点赞20.5万次，评论45024条，转发23.6万次，累计播放量超1000万次。

综合上述分析可以看出，2023年省级文旅机构对政务新媒体传播的重视程度与日俱增，有相当多的账号表现优异，活跃度很高，得到了相应的传播效果。微信公众号"好客山东之声"在2023年4月27日发布的文章《顶流淄博喊话15个兄弟地市一起接力，"五一"山东准备好了！》，以10万+阅读量成为爆

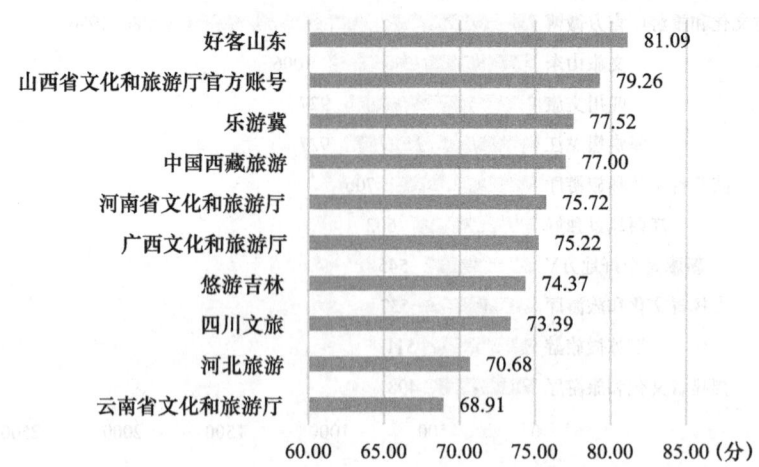

图6　4月省级文旅政务抖音号传播力指数得分

款。分析其成功的根本原因，绝不仅是"始于烟火，归于真诚"的烧烤美食，让八方来客认识淄博、走进淄博，更因其把山东15个兄弟地市一个不落，全都夸了一遍，让网友感受到了这个城市的格局之大。

山东文旅联动微博、抖音账号，多平台形成宣传矩阵，推动传播力呈指数级无限放大。在2023年4月发博1006篇，转发数达10.1万次，评论数为61418条，原创转发数达10.1万次，原创评论数为61360条，总点赞数达13.3万次。创建#最in山东打卡地#话题触达人次近3293万，互动量达5.7万次。与此同时，在抖音平台发布一则短视频"它来啦！它来啦！'高铁环游齐鲁'旅游套票它来啦！只买一次高铁票，就可以乘坐高铁游玩山东12个城市，具体购票方式请看视频内容哟~"，具体翔实地介绍旅游路线和交通信息，将网友对山东、淄博的好奇心瞬时化作可执行的落地方案，形成从线上到线下的传播闭环，进一步刺激网友实际的文旅消费。这些宣传策略使网友对淄博乃至山东全省的好感度一下拉满，成为新时代文旅政务新媒体传播的优质样板。

中国康养旅游发展报告

丁雪怡[*]

一　康养旅游缘起

党的二十大报告提出，要实施推进健康中国建设、积极应对人口老龄化国家战略，发展养老事业和养老产业。而康养旅游（Health and Wellness Tourism）是现代旅游业发展过程中产生的一类新型旅游形式，是将自然、人文特色的旅游资源，融合医疗、健康管理、休闲疗养等元素，所形成的各种旅游活动的总和。

康养旅游一般包括"康"旅游和"养"旅游两个部分。"康"旅游以治疗身心上的健康不足为主要目的，"养"旅游则侧重于维持或强化个人的健康元素。与一般性旅游活动相比，康养旅游有三个非常突出的特征，即以健康为主题、逗留时间长、专业性强。

---

[*] 丁雪怡，中国社会科学院大学商学院硕士研究生。

中国康养旅游发展报告

国外的康养旅游起源于健康旅游（Health Tourism）。目前，德国、美国、瑞士等发达国家的康养旅游产业发展较为成熟，已经形成市场规模。同时，欧美国家也是康养旅游最大的客源输出地区。德国的巴登—巴登小镇位于德国西南部的巴登—符腾堡州黑森林国家公园内，森林土地面积为130万公顷，占其总用地的38.1%。巴登—巴登小镇是德国重要的森林康养小镇，小镇完善的"防、养、治"康养体系、丰富的休闲文化设施、个性化的康养产品体系是其成功发展和良好运营的重要条件。美国的黑莓牧场建成于1940年，坐落在全美知名的自然保护地大雾山山脚下，以优美的自然风光闻名，是集住宿餐饮、休闲娱乐、观光游览、健康养生等功能于一体的度假旅游胜地，占地总面积为1700公顷。法国的依云小镇位于上萨瓦省北部的艾维昂勒邦，背靠阿尔卑斯山，俯瞰欧洲最大的淡水湖——日内瓦湖。依云小镇是集聚旅游度假、运动等多功能于一体的综合型康养度假区。通过整体功能布局规划，依云小镇形成了在滨湖地带建设旅游休闲集中区，腹地小镇中心和度假服务区提供度假和居住的服务配套体系的主要布局。

受惠于独特的自然资源、神秘的东方文化、蓬勃发展的医疗保健技术以及更低的成本，东南亚、日本、韩国等亚洲国家已成为举世闻名的康养旅游度假目的地。作为世界长寿之乡的新型健康基地日本静冈医药谷位于富士山脚下，良好的自然环境和生活方式让这里的居民世代长寿。该地素有"长寿第一县"之称，全球癌症发病率最低的地区，同时也是日本屈指可数的健康医疗相关产业以及研究功能集成区。其凭借依山靠海的资源优势和先进的医疗技术，开发田园康养休闲旅游，最终打造成日本乃至全球著名的医疗旅游目的地，每年能吸引上万癌症患者前来就医看病。

从国内康养旅游来看，20世纪90年代，部分房地产企业利用海南丰富的旅游资源，并借鉴国外分时度假的概念，解决海南房地产市场供大于求、大量闲置的问题，旅游地产应运而生。2003年"非典"期间，海南省就打造了"健康岛""生态岛"的品牌形象，康养旅游在海南开始生根萌芽。东北地区黑龙江省的康养产业也较为突出，依托五大连池、小兴安岭，发展旅游康养、中医康养。

进入21世纪，随着经济的发展，城镇化过程中城市人口快速聚集及经济高速增长的同时，一系列城市与环境问题的矛盾逐渐凸显。在快节奏、高压力的工作和生活环境下，疾病、亚健康等问题不断唤醒城市对休闲康养度假的需求。此外，从孕幼到青少年，再到中老年等各个年龄阶层的人群，都存在不同程度、不同类型的康养需求。随着大众旅游时代下新的旅游方式和业态的不断产生，消费诉求普遍升级，越来越多的拥有购买力的消费者愿意花更多的钱去购买优质、独特的旅游消费体验。在这种大背景下，医疗、养老、养生元素成为市场热点。而新冠疫情的暴发促进康养旅游朝"大健康"与"大养生"两大新康养元素纵向融合的同时，也向智慧健康、生活方式等领域横向延伸。全国旅游标准化技术委员会2022年5月发布的

《康养旅游机构服务指南（征求意见稿）》编制说明显示，2015年康养旅游的交易规模约为400亿元，2018年市场规模达到691亿元，2019年市场规模将近830亿元，2015—2019年年均复合增速高达20%左右。2021年随着疫情形势逐步好转，行业经济恢复增长，中国康养旅游市场规模接近900亿元。

各地围绕促进文旅消费、支持文化旅游业发展出台了一系列政策措施，发展康养旅游成为其中的重要方面。《黑龙江"十四五"文化和旅游发展规划》明确提出，实施"文化+""旅游+"战略，推动文化和旅游产业与康养、中医药等产业融合发展，发展中医药健康旅游，建设具有人文特色的康养旅游基地。为贯彻"健康中国"发展战略，坚持全域发展定位，推动旅游康养高质量发展，黑龙江省又出台了《黑龙江省康养旅游高质量发展行动方案（2022—2026年）》。该方案围绕将康养旅游业培育成为黑龙江省新的经济增长点的目标，深入挖掘黑龙江省康养旅游资源价值、丰富康养旅游产品、弘扬康养旅游文化、创新康养服务模式、完善康养旅游设施、健全康养旅游保障体系，全力推动康养旅游业高质量发展。海南省政府发布的《海南省旅游业疫后重振计划——振兴旅游业三十条行动措施（2020—2021年）》中提出，出台推动海南加快健康旅游发展的指导意见，高质量推出医疗旅游、温泉养生、森林旅游、气候医疗等健康旅游产品。贵州省政府办公厅印发的《支持文化旅游业恢复并高质量发展十条措施》中提出，对2020年签约落地或建成达产的康养度假等重大文化旅游投资项目给予一次性资金奖励或贴息。广西壮族自治区文化和旅游厅印发的《支持打赢疫情防控阻击战 全面振兴文旅经济的若干措施》提出，抢抓疫情后游客对健康旅游、绿色消费需求的新机遇，鼓励文旅企业利用广西生态资源优势，因地制宜开发类型多样的健康旅游产品。"十四五"以来，康养旅游产业的政策支持力度更是达到高峰。2021年6月，文化和旅游部发布的《"十四五"文化和旅游发展规划》明确提出，发展康养旅游，推动国家康养旅游示范基地建设。

二 康养旅游产业分类

近年来，国家对康养产业的培育和扶持不断推进，出台《国家康养旅游示范基地标准》、推动国家中医药健康旅游示范基地创建、开展国家森林康养基地建设工作、公布全国中小学生研学实践教育基地及营地名单，各个业态类型都创建示范基地或示范实践点，对康养产业的发展进行规范和引导。认识和研究康养旅游并对其开展分类与评价，能为康养旅游可持续发展奠定良好的基础。康养旅游产业逐渐形成以生态康养旅游、健康医疗旅游、休闲度假康养旅游、运动康养旅游、文化养生康养旅游等为主的多元化业态分布的结构。

（一）生态康养旅游

生态康养旅游主要是通过旅游目的地现有的丰富资源和良

好的生态环境，进一步对其进行养生保健设施和项目的开发，使消费者达到增益身心健康的消费目的。这类康养旅游产业的特点是以生态资源为依托，借助体验、观光、学习相关文化等手段，以达到使消费者休养身心的目的。生态康养旅游需要满足三个条件：一是具备有利于增进人体舒适度的居住环境，特别要适合老龄和病弱人群生活；二是要有利于形成健康的饮食习惯和生活方式，能够改善人体免疫系统；三是要有利于隔绝致病因素，让人置身于安全的生活环境。由于人口老龄化加快、人口亚健康普遍化以及环境污染日益严重、大众健康养老愿望强烈等原因，生态康养旅游顺应了全球健康旅游迅猛发展浪潮，前景广阔。其对提高人类生命质量、生态文明建设和促进低碳经济发展具有重要意义。

1. 森林康养

森林康养是林业与健康养生融合发展的新业态。其以丰富多彩的森林景观、沁人心脾的森林环境、健康安全的森林食品、内涵浓郁的生态文化为主要资源的依托，配备相应的养生、休闲及医疗、康体服务设施，开展以修身养性、调适机能、延缓衰老为目的的森林游憩、度假、疗养、保健、养老等活动。

2. 气候康养

海南康养旅游影响力以特定的气候条件为依托，以各种疗法为主要手段，并配套相关产品和服务，使人的身体、精神、社会关系得到持续改善并不断倾向于最佳状态。最常见的是以避寒和避暑为主要目的的出游行为，包含短期和长期活动。对天气敏感性群体而言，选择到适宜的气候康养目的地进行休养生息，无疑是一种增强身心健康的有效方式。

3. 海洋康养

海洋康养主要以海水、沙滩、海洋食物等海洋资源为依托，建设形成的海水和沙滩理疗、海上运动、海底科普旅游、海边度假、海洋美食等产业，能够满足消费者"亲海"体验需求。

4. 温泉康养

大多数温泉本身具有保健和疗养功能，是传统康养旅游中最重要的资源。现代温泉康养已经从传统的温泉汤浴拓展到温泉度假、温泉养生，以及结合中医药、健康疗法等其他资源形成的温泉理疗等。

（二）健康医疗旅游

健康医疗旅游主题是疾病的预防与护理，身体的康养与修复，该类型康养旅游产业主要依托康养旅游地的医疗保健设施和机构。利用当地的医疗保健资源吸引消费者到康养旅游目的地进行医疗护理、医疗保健、体检、康复等消费活动，对旅游目的地的医疗水平有着很高的要求。

1. 医学治疗

病患人群医养是目前康养产业最成熟的构成，涉及行业主要集中在三个层面：一是诊疗、医护等医疗服务业，二是生物、化学制药等药物制造加工业，三是医疗器械、电子设备等装备制造业。

2. 康复疗养

亚健康人群是目前康养产业最关注的人群之一，对应的康养业主要集中在健康检测、疾病防治、保健康复等行业，如中医养生、保健品、康复运动、心理咨询、休闲旅游等。

3. 医学美容

医学美容是通过医学手段，包括药物、仪器及手术等，改变人体外部形态以及部分改善其生理功能，以增强人体外在美感为目的而进行的一系列治疗。医美旅游消费属性多于诊疗属性，在吸引跨省/跨境游客前来观光、休闲度假的同时，医美将作为一类补充业态，延长旅游消费链条。医美旅游产业发展，将加速旅游产业与其他产业的跨界融合，丰富多元化的产品供给，推进传统旅游产业转型升级。

4. 中医药康养

中医药康养是以传统中医、中草药和中医疗法为核心资源形成的一系列业态集合，主要有中医养生馆、针灸推拿体验馆、中医药调理产品，以及结合太极文化和道家文化形成的修学、养生、体验旅游等。

（三）休闲度假康养旅游

休闲度假康养旅游的主要消费产品是休闲娱乐设施以及具有高度人性化和个性化的康养旅游服务。一般消费客体常利用闲暇时间参与该类型的康养旅游活动，通过体验、参与进而实现与自然环境的亲近，让身体和心灵得以放松。这类康养旅游业客体的特征是一般在康养旅游目的地逗留时间较长，客体的主要消费需求即休息和享受生活。与一般性休闲度假不同，康养型休闲度假时间往往比较长，多属于旅居康养，按旅居时间可划分为候鸟式旅居和社区式旅居。候鸟式旅居为随着惯常居住环境的四季变化而前往气候条件更为舒适的区域进行旅居，包含暖冬旅居康养和避暑旅居康养。冬季康养旅居目的地以海南为代表，因纬度或地形因素，这些南方城市冬季气温较高、环境舒适宜人；夏季康养旅居典型区域有西南高原型、东北平原型以及环渤海低山丘陵型。社区式旅居则指依托良好的生态气候环境，与地产结合，开发建设旅居社区与其他生活配套设施，提供功能齐全的综合一体式旅居服务。

（四）运动康养旅游

运动康养旅游主要以该地或其周边的运动资源或者大型的运动活动为依托，以运动的参与或者体育赛事的观赏为主要内容，同时以配套的休闲、养生设施和项目为辅助，以达到促进消费者身体健康的目的。这类康养旅游产业以消费者参与赛事或活动组织为主要形式，一般消费客体主要为身心健康程度较好、对生活质量追求较高的游客。运动康养是在康养产业大发展的背景下，运动与旅游、医学相结合发展的一类重要业态，消费者通过日常休闲运动、运动旅游、运动康复方式达到健身、娱乐、诊疗等目的。运动康养领域按康养效果可分为健身运动康养、健美运动康养、娱乐运动康养以及医疗运动康养。从经营内容来看，运动康养业态包含运动体育场馆、运动旅游小镇以及运动节事运营等。

（五）文化养生康养旅游

文化养生康养旅游以康养旅游目的地的自然生态环境和自然资源为依托，充分整合资源与文化，实现优化和提升生活质量，达到养生的目标。中国文化资源丰富、文化底蕴深厚，为经济社会发展提供着源源不断的滋养。康养产业可从道教、佛教、国学文化、中医药文化、武术太极、饮食文化等方面挖掘文化资源，将"养生"与"养心"融为一体。

三 中国康养旅游目的地影响力指数

（一）康养旅游影响力评价体系

1. 评价指标体系的构建原则

康养旅游影响力评价指标由中国社会科学院舆情实验室、文旅产业指数实验室联合世研指数、清博智能、问卷网等成员机构在以下基本原则的指导下共同参与制定。

（1）科学性

基于互联网大数据、行业统计数据、媒体传播数据、专家调研数据，借助学界和业界相关专家学者的智力支撑，旨在打造科学、可信、可量化、可追溯的指数模型。

（2）全面性

在进行顶层设计时，着眼于中长期目标，设计可以持续使用的系统指标体系，能够对康养旅游发展相关因素进行全面和多维度的分析，保证指标因子的全面性。

（3）客观性

在指标因子的选取上，尽可能保证数据的客观性、可控性，整体以评估主体的自身数据与其他重要平台的客观数据为主，辅以部分专家打分指标，尽可能减少主观判断因子的干扰。

（4）互斥性

在保证指标丰富、全面的基础上，尽可能减少各项指标之间的关联性、包含性、重复性，提升量化因子之间的互斥性。

在保证以上原则的前提下，结合相关调研，使用层次分析法（AHP）、熵值法、模糊评价法和德尔菲法等研究方法，进行指数的评估指标设计和权重关系设定。同时通过与各界专家、行业代表的深入探讨对指标设置进行优化，对各项指标的可操作性进行论证。

2. 主要评价指标

康养旅游影响力指数评价体系由三级指标构成，一级指标有三个，即竞争力、品牌力和传播力。

（1）竞争力

康养旅游竞争力指标主要分为三个方面：一是康养旅游资源竞争力，如医疗资源、气候、森林、温泉等生态资源；二是康养产业竞争力，包括康养产业的规模、发展质量、康养旅游产品特色、服务，以及对消费者的吸引力等；三是康养产业政策竞争力，包括康养产业规划的顶层设计、康养旅游产业政策、政府行政能力等。

（2）品牌力

品牌力是指品牌形象在消费者心目中的综合描述与评价，它体现了市场对品牌的认可程度，主要衡量指标有品牌知名度、品牌美誉度和品牌忠诚度。具体到康养旅游产业，品牌知名度主要指消费者知道该旅游目的地或品牌的人数比例；品牌美誉度表明消费者对旅游目的地或品牌持赞誉态度的人数比例；品牌忠诚度由再次购买率衡量，它反映了顾客对品牌的情感量度。

（3）传播力

传播力指传播主体充分利用各种手段，实现有效传播的能力。传播力评价由三方面指标构成：传播热度、传播广度、传播效度。热度意味着企业在受众中的曝光展现程度、主动提及程度，广度则是从各地域受众覆盖的均衡程度方面考量，最后结合传播口碑的正负效果，对三者进行全方位分析，能够全面反映企业在消费者人群中的影响力。

（二）省域康养旅游产业影响力指数

依据康养旅游影响力评价体系，对各省份的康养旅游产业从竞争力、品牌力到传播力进行综合评价，排在前10位的分别是云南省、海南省、四川省、浙江省、江苏省、安徽省、山东省、广西壮族自治区、福建省、贵州省。

（三）主要康养旅游目的地影响力指数

通过对各个康养旅游目的地的竞争力、品牌力和影响力进行综合评价，共评选出10个最具影响力的康养旅游目的地，分别为三亚亚龙湾国家旅游度假区、成都天府青城康养休闲旅游度假区、云南腾冲市、广西巴马瑶族自治县、福建武夷山市、重庆石柱县、安徽池州九华山风景区、浙江桐庐县、海南博鳌乐城国际医疗旅游先行区、青岛崂山湾国际生态健康城。

这些康养旅游目的地需要同时满足以下条件：（1）具有良好的生态康养环境、高度重视并推动旅游业发展的旅游目的地；（2）康养旅游资源富集，绿地覆盖率高，空气质量好，环境优美；（3）康养文化氛围浓厚，康养意识普及度高；（4）康养产品丰富，设施完善，形成一体化的产品体系，规模、品质、开发程度与特色化程度等均与目的地的形象相符；（5）近三年未出现重大旅游安全事故、重大负面舆情。

四 全国康养旅游典型案例

在旅游市场快速发展的同时，全国各地纷纷推出极具当地自然或人文特征的康养旅游产品。目前国内康养旅游发展主要分布在西南、长三角、山东及东北等地区，且各具特色。山东省凭借水文、中医药资源和历史人文优势，中医疗养的影响力不断扩大。海南省的主要特色是"休闲地产＋养老项目""旅游景区＋养老基地"模式。黑龙江的康养产业依托五大连池、小兴安岭，发展旅游康养、中医康养。云南省依托中药材和温泉，加快中医康养步伐；同时围绕昆明森林资源，挖掘森林康养产品，探索林下种养和高原特色农业等绿色体验经济。贵州以遵义和赤水为核心，围绕地热温泉和生态资源开发，发展温泉康养旅游度假地。重庆以森林康养为主。结合前文康养旅游目的地影响力指数排名，本研究选取全国康养旅游典型案例进行深入分析。

1. 三亚亚龙湾国家旅游度假区

亚龙湾国家旅游度假区是中国唯一具有热带风情的国家级旅游度假区，是一个拥有滨海公园、豪华别墅、会议中心、高星级宾馆、度假村、海底观光世界、海上运动中心、高尔夫球场、游艇俱乐部等的国际一流旅游度假区。

亚龙湾集中了现代旅游五大要素——海洋、沙滩、阳光、绿色、新鲜空气，呈现明显的热带海洋性气候，全年平均气温为25.5℃，冬季海水最低温度为22℃，适宜四季游泳和开展各类海上运动。这里的海湾面积达66平方千米，可容纳十万人同时嬉水畅游，这里8千米长的海滩宽阔平缓，沙粒洁白细腻，自然资源国内绝无仅有，可与国际上任何著名的热带滨海旅游度假胜地相媲美。

2. 成都天府青城康养休闲旅游度假区

成都天府青城康养休闲旅游度假区位于都江堰市西南部，面积约为33平方千米。属于四川盆地中亚热带湿润气候区，气候四季分明、温和宜人。年均降水量近1200毫米，年均无霜期为280天。夏无酷暑，冬无严寒，年均气温为16.2℃，非常适宜休闲度假。

度假区以具备独特性和权威性的道家养生文化为主题资源。一是以青城道医、青城武术、青城道艺、青城丹道和道养膳食等为主的传统养生文化资源，从养神、养身、养气、养形、养性等方面构建了长生五养的产品体系。二是以道家养生文化为核心的创意资源，有世界唯一的道教学院，集道学研究、培训、修养为一体，定期举办道文化节和道家论坛，开发了道温泉、青城五行汤池等康体养生产品。

3. 云南腾冲市

腾冲是国内近年来发展迅猛的康养旅游目的地，尤其得益于云南省政府对"大滇西旅游线"战略的大力推动，交通条件的改善迅速，腾冲在全国的知名度大幅提振，客流持续增长。

腾冲位于高黎贡山四周合围的鲜氧谷地平原，海拔1580米，既不高冷干燥，又不低洼潮湿，处于最适宜人类居住的长寿海拔区间。印度洋暖湿季风的进入，使腾冲常年温暖湿润。腾冲地表湿度能达77%，年平均降水量可达1500毫米。冬季最低气温在0℃以上，夏季最高气温不超过30℃，可谓冬暖夏凉。

腾冲地处印度洋板块与亚欧板块交接地带，发生于史前时代的火山运动给腾冲留下了世所罕见的地热资源，方圆1000千米内，有99座火山、88处温泉，更有数以万计的温泉泉眼。腾冲温泉富含三十种微量元素，促进新陈代谢、舒张血管、调节内分泌，对风湿、皮肤病、骨质增生等数十种疾病有特殊疗效。

4. 广西巴马瑶族自治县

巴马瑶族自治县位于广西西北部，被誉为"世界长寿之乡·中国人瑞圣地"。全县总面积为1971平方千米，聚居着瑶、壮、汉等12个民族。据第二次到第五次全国人口普查，巴马百岁以上老人占该地区总人口的比例居世界五个长寿区之首。

巴马海拔大多为500—800米。石山地占30%，土山地占69%，水面占1%。巴马属南亚热带至中亚热带季风气候区，年均日照1531.3小时，年均气温为18.8—20.8℃，全年无霜期为338天，年均降水量约为1600毫米，相对湿度为79%。空气中负氧离子含量丰富，据检测，空气中负氧离子含量每立方厘米最高达2万个以上，比一般内陆城市高出几十倍。特殊的自然条件，造就了巴马优越的养生环境。2016年2月，巴马入选"中国国际养生旅游目的地"。2019年11月，广西加快打造"三地两带一中心"文化旅游产业发展新格局，将原来的"巴马长寿养生国际旅游区"升级为"巴马国际长寿养生旅游胜地"，巴马发展进入战略机遇叠加期。

5. 重庆石柱县

石柱县围绕"全域康养、绿色崛起"发展主题，聚焦"风情土家、康养石柱"价值定位，举全县之力构建以观养、住养、动养、文养、食养、疗养和康养智造为支撑的"6+1"大康养产业体系，按照"树立品牌、打造亮点、服务创建、彰显特色"总体思路，成为首个成功发布康养白皮书的区县。

石柱县以建设"全国著名生态康养胜地"为目标，推动全域旅游高质量发展，成为闻名遐迩的重庆市森林氧吧、中国天然氧吧和"中国（重庆）气候旅游目的地"，是全国首批森林

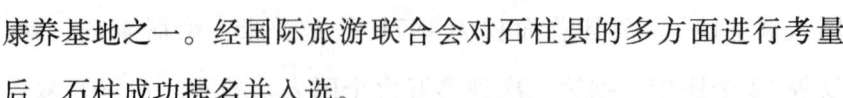

康养基地之一。经国际旅游联合会对石柱县的多方面进行考量后，石柱成功提名并入选。

6. 山东辉渠镇获鹿山谷

获鹿山谷康养基地位于辉渠镇西南部获鹿山前村南部。这里区位优势凸显——地处山东半岛城市群腹地，位于潍坊市中部、辉渠镇南部。主要建设国家级森林康养基地与文化休闲体验区、古村落商业休闲区、生态养殖与种植区等景区田园生态欢乐谷、生态乡村旅游体验区。打造以"养生文化"为主题，以"森林康养"为聚焦核心，以田园村居为补充，围绕"文化康养、生态康养、生活康养"三个方面，第一、第二、第三产业高度融合的以"森林+田园+乡村"为特色的国内一流的森林康养基地。

获鹿山谷康养基地坚持以"养、享、疗、闲、趣、乐"为特色的六大养生理念，依托丰富的自然资源和深厚的历史文化底蕴，积极实施生态环境综合治理，推动传统农业产业转型升级为绿色发展的生态产业，突破瓶颈，融合发展，积极探索"康养+医疗"的发展路径，实现了经济价值、社会价值、生态价值、历史价值、文化价值的全面提升。

7. 黑龙江省九峰山养心谷森林康养基地

九峰山养心谷位于黑龙江省伊春市金林区，为国家4A级景区。近年来，完成了由单一的生态观光游模式向"吃、住、行、游、购、娱、养、研"综合要素齐备、康养主题鲜明的功能型景区的转型升级。现已发展成为以森林康养产业为主导，林下经济产业、现代农业齐头并进，药膳研发、研学教育、中药资源鉴赏、药用动植物科普等多业态融合的综合型景区，入选为国家林草局林下经济发展典型案例。其"森林+康养""森林+中药""森林+农业""森林+养殖""森林+教育""森林+体育""森林+旅游"的多产业布局，受到广大游客的认可。

五 康养旅游未来趋势和发展建议

（一）康养旅游未来趋势

1. 健康旅游需求增长

随着人们对健康和幸福的重视程度不断提高，康养旅游的需求将持续增长。人们越来越注重身心健康和劳逸结合，希望通过旅行来放松、恢复和提升生活质量。因此，康养旅游业将迎来更多的旅行者和市场机会。

亚洲地区的康养旅游市场正在崛起，并成为全球康养旅游的重要推动力。亚洲国家拥有丰富的自然资源和文化遗产，以及古老的康养传统和疗法，吸引了众多的国内外旅行者。亚洲国家将加大对康养旅游的投资和推广，提供更多多样化的康养产品和服务。

2. 个性化和定制化

未来的康养旅游将更加注重个性化和定制化的体验，消费者对其要求也会越来越高，他们希望根据自己的健康需求、兴趣爱好和偏好来选择康养项目和活动。康养旅游企业将致力于提供个性化的咨询和规划服务，满足旅行者独特的康养需求，提供定制化的康养体验。

通过数据分析和人工智能技术，旅游企业可以为旅行者提供个性化的推荐和定制化的服务。根据旅行者的兴趣、偏好和历史数据，系统可以推荐适合的旅游目的地、景点、餐厅等，提供个性化的旅游体验。

3. 科技与数字化

科技的不断进步将为康养旅游带来新的发展机遇。虚拟现实（VR）、增强现实（AR）、人工智能（AI）和传感器等技术将为旅行者提供更智能化、个性化和互动性的康养体验。科技的发展将在康养旅游中扮演越来越重要的角色。各种新型的高新技术将被应用于康养旅游中，提供更加沉浸式和个性化的体验，同时为旅行者提供健康数据的收集和分析。

数字化平台和应用程序也将为旅行者提供康养信息、在线预订和电子支付、旅游信息和规划应用程序、交流互动的便利。

4. 社交与文化性

康养旅游不局限于个人健康，也会注重社交和文化体验的融入。人们可以通过参与康养小组活动、交流健康知识、进行文化交流来拓展人际关系和丰富旅行体验。这也是文旅融合发展的题中之义和必然结果。

5. 多元化的康养项目

未来的康养旅游将更加多元化，不只局限于传统的水疗、温泉和瑜伽等项目。人们对康养的需求越来越多样化，例如心理健康、营养调理、冥想、森林浴等。康养旅游业将不断创新和推出各种新的康养项目，以满足不同人群的需求。医疗旅游和康养旅游将更加紧密地结合，提供综合性的健康服务。人们可以在康养旅游中进行医疗检查、健康咨询，甚至可以解决异地就医问题，实现医保便利化。

（二）康养旅游发展建议

1. 从资源驱动到人才驱动

黑龙江拥有广袤的自然风景和独特的生态环境，可以开发利用自然资源进行康养疗法，如森林浴、泥疗、温泉疗法等。但良好的资源往往也会带来"靠天吃饭"的意识和粗放经营的习惯，造成产品的单一和服务的低品质，降低用户体验，难以适应打造国际一流康养旅游目的地的要求。

可持续发展和生态保护。随着环保意识的提高，可持续发展和生态保护将成为康养旅游业的重要议题。旅行者对环境友好的目的地和活动的需求将增加。康养旅游企业必须积极采取可持续发展的措施，包括减少碳排放、推广环保实践、保护自然生态等，以满足旅行者的期望。

人才的重要性超过投资。一流人才包括管理人才、运营人才、营销人才和专业技术人才，黑龙江省可以考虑引进国内外优质教育资源与省内院校合作，优化专业设置，培养一批既熟悉康养医疗行业服务规范，又了解黑龙江旅游景点线路及各类旅游项目康体养生功效的本土化专业人才。建立康养旅游从业人员培训制度，联合旅游、康养等行业协会以及龙头企业、培训机构等主体，以提高康养旅游从业人员专业素养和服务水平为目标，开展线上与线下相结合的培训，提高从业人员的综合素质。出台优秀人才引进政策，搭建招才引智平台，引进一批高端医疗技术人才、国际医疗旅游管理人才、国际医疗旅游导游、国际护理人才、康复人才、健康服务营销人才等。鼓励市场主体探索建立针对不同等级人才的对应性薪酬补贴制度，开展针对优秀人才的奖励与表彰机制，形成系统化的人才激励体系。

2. 全力推进品牌化建设

整合并充分调动优质媒体资源，通过跨媒体、跨终端完成多广告形式灵活投放，并实现多场景营销，积极宣传康养旅游资源，展现其独特魅力和吸引力。参加旅游展会、举办康养主题活动等，吸引更多的游客关注和参与。

鼓励各地办好具有地方特色的康养旅游节庆活动。在国际国内重点旅游市场推出"银发经济""康养旅游""中医药健康旅游"产品套餐并举办各类康养旅游推广活动，开展康养旅游主题宣传推广月等，整合线上与线下，全方位宣传推广，以康养旅游节事、会议、活动体系提升康养旅游品牌影响力。

3. 建立健全康养旅游标准化体系

组织专家、学者、从业者等相关人士，制定康养旅游的标准化指南和规范。这些标准应该涵盖康养旅游产品、服务、管理等各个方面，以确保行业内的一致性和质量水平。借鉴国际康养旅游标准和国家康养旅游示范基地建设标准，与相关机构、旅游、康养等协会及企业、政府部门、科研机构等建立合作与协调机制，共同推动康养旅游标准化体系的建设。共享资源和信息，加强交流和合作，形成共识和共同努力。建立健全的监督和评估机制，对康养旅游标准化体系的实施情况进行监督和评估。监督机制可以包括监察、抽查、评估等手段，确保标准的有效实施和执行。通过宣传和推广，增加行业从业者和相关机构对康养旅游标准化体系的认识和了解。可以举办培训、研讨会、行业交流活动等，提高标准化体系的知名度和影响力。

4. 推动康养旅游配套服务升级

加强基础设施建设，提升交通、通信和公共设施建设，投资改善康养旅游场所的设施和设备，确保能够提供高质量的服务。例如，提供先进的康复设备、健身器材、水疗设施等，满足游客的各种康养需求。开发和推出具有创新性的康养旅游服务项目，提供更多元化的选择。例如，提供个性化的康养方案、定制化的营养餐饮、特色的疗养活动等，满足不同人群的需求。

培育健康美食品牌，开发药汤养生、民族药膳等药膳饮食体系，推出系列养生餐、美容餐、老年餐、儿童餐等多元餐饮体系，满足不同人群的需求。提高住宿服务品质，建立民宿品牌管理机制，推动民宿品质逐步升级，开发建设一批突出康养旅游度假功能的地产项目，推动康养旅游住宿服务体系的全面升级。研发健康商品体系，研发包括中医药保健品、绿色有机食品、美容化妆品等特色健康主题旅游商品，支持鼓励各地开发具有地方特色的康养旅游文创商品，延伸康养旅游产业链条，创造多元营收渠道。

引入科技和数字化，借助科技和数字化手段提升康养旅游配套服务的质量和效率。例如，引入智能化的健康监测设备、在线健康咨询平台、移动应用程序等，方便游客进行健康管理和康养活动的记录。

附录：黑龙江康养旅游现状

2022年3月，黑龙江省发布的《2021年度黑龙江省旅游产业发展报告》（以下简称《报告》）指出："'哈尔滨''滑雪''温泉''冰雪大世界''雪乡'是搜索的主要热门词汇，森林康养旅游、湿地休闲游、科普研学游、湖泊度假游的搜索热度明显提高。"《报告》中提到的康养旅游属于特色旅游，是近年来蓬勃兴起的一种新型旅游需求。如今，旅游已经不再单纯指观赏风景名胜，其内涵正在不断丰富，所承载的新型消费需求日益增多。其中，将旅游与休养需求紧密结合的康养旅游，正在被消费者认定为一种新的生活方式，具有很大发展空间。

黑龙江省拥有森林、湿地、冰雪、温泉、中医药等丰富的康养旅游要素，是目前国内康养旅游的重要目的地之一。近年来，黑龙江省发挥天然优势，紧密结合日益上涨的新型旅游消费需求，在打造康养旅游产业上下"先手棋"，取得了累累硕果。《黑龙江省"十四五"文化和旅游发展规划》明确提出，实施"文化+""旅游+"战略，推动文化和旅游产业与康养、中医药等产业融合发展，发展中医药健康旅游，建设具有人文特色的康养旅游基地。未来几年，黑龙江省应重点围绕科学规划、打响品牌、挖掘潜力、培育产业等，进一步夯实发展康养旅游的现实基础。《黑龙江省康养旅游高质量发展行动方案（2022—2026年）》提出，要依托大界江、大森林、大湿地、大湖泊、大草原、大冰雪、大农业等资源和四季分明的气候优势，创新康养旅游发展模式，加强康养旅游项目建设，推动全省康养旅游产业规模不断扩大、品牌影响力不断提升，将黑龙江省打造成为产业要素齐全、产业链条完备、公共设施完善的中国生态康养旅游目的地。

康养旅游对资源的依赖程度较高，黑龙江省处于中国最东北端，地域辽阔，发展康养产业具有自然资源优势和人文资源优势。自然资源方面，大、小兴安岭及张广才岭构成的三大森林带，与祖国东、北两个极点和全省丰富的湿地、江河、湖泊等水域，为游客营造了富含高负氧离子浓度的畅爽环境，非常适宜南病北治、康养旅居。以森工林区为例，黑龙江省国有森工林区是全国最大的国有重点林区和森林工业基地，经营总面积为1009.8万公顷，林地面积为853.2万公顷，占全国国有林面积的14.6%，森林覆盖率超过80%。人文资源方面，黑龙江省的特色艺术和民俗文化并重，例如，冰雪艺术、东北大鼓、赫哲族等少数民族文化在全国范围内都具有较高知名度。这些文化元素的兴盛强化了黑龙江省的旅游形象，推动了黑龙江旅游业的发展。

1. 伊春市康养旅游

伊春拥有400万公顷的山川林海，40万公顷的大美湿地，高达83.8%的森林覆盖率，亚洲面积最大的红松原始林，平均每立方厘米空气中负氧离子含量高达2.7万个，是全国第三个、北方第一个地级市"氧吧城市"，被誉为"祖国林都""红松故乡""天然氧吧"，优良的生态环境非常适合"森呼吸""林度假"。康养旅游配套设施完善，特色民宿、汽车营地、研学基地等新产品新业态蓬勃发展，飞机、高铁、高速公路构建的"快进慢游"的立体交通网络正在形成；康养旅游产品"品质化""多元化"，推出的森林康养、温泉康养、中医药康养、度假康养等产品广受游客喜爱。

伊春市位于大兴安岭地区的边缘，该地区是中国最后一片原始森林之一，被誉为"北国瑞士"。大兴安岭地区的山脉、湖泊和草原景观十分壮观，有着独特的生态环境。在这里，游客可以进行徒步旅行、骑马、钓鱼等活动，享受大自然的恢宏和宁静。伊春市还拥有丰富的温泉资源，如白金温泉、宏伟温泉等。这些温泉泉质纯净，被认为具有一定的疗效，适合进行温泉浸泡、按摩和SPA等康养活动。桃山森林冰雪玉温泉被批准为第一批国家中医药健康旅游示范基地创建单位。

汤旺河林海奇石景区、五营国家森林公园、上甘岭溪水国家森林公园、茅兰沟国家森林公园等7家景区被黑龙江省文化和旅游厅推荐为森林康养旅游目的地。汤旺河国家森林公园是伊春市最著名的旅游景点之一，也是中国最大的国家级自然保护区之一。公园内有茂密的原始森林、湖泊和瀑布,是一个理想的康养胜地。游客可以在这里呼吸新鲜空气、感受大自然的宁静,同时还可以进行徒步、露营、观鸟等活动。二龙山国家森林公园位于伊春市西北部,是一个以森林资源为主的风景名胜区。公园内有茂密的原始森林、高山草甸和丰富的野生动植物资源。这里的空气清新,景色秀丽,非常适合康养休闲和户外活动。九峰山养心谷景区是国家4A级景区,被评为省级中医药健康旅游示范基地,是以森林氧疗、旅居养老、研学体验、功能产品研发为一体的综合型森林康养基地。游客可以春穿九峰林海,练户外拓展;夏赏森林花谷,体验农耕采摘;秋览中药百草,游茶园酒庄;冬玩溜冰滑雪,观雾凇雪雕。四季萌宠互动相伴,五行药腾调理健康。

2. 五大连池风景区

五大连池风景区位于黑河五大连池市,有丰富多样的火山地,被誉为"打开的火山教科书"。五大连池风景区拥有丰富的温泉资源,温泉水质优良,被誉为"东北第一温泉"。游客可以在温泉度假村中享受温泉浸泡、温泉SPA和温泉疗养,放松身心。周围被茂密的原始森林环绕,森林覆盖率高,景色优美。游客可以在森林中徒步漫游,呼吸新鲜的空气,感受大自然的宁静与美丽。

五大连池风景区为黑龙江省康养旅游发展最为成熟的代表之一,入选2016年"国家康养旅游示范地"名录。同时,在国内市场占得一定份额之后,黑龙江省开始逐步布局国际市场。

从2014年开始，黑龙江省转战罗斯市场，越来越多的俄罗斯人来到黑龙江进行养生度假。五大连池风景区依托当地冷泉的疗养优势，融入中医养生手段应用先进的诊疗设备，使其旅游康养产品受到俄罗斯消费者和国内消费者的喜爱并陆续推出药泉湖水秀表演、低空飞行、水上乐园等旅游体验项目，逐渐成为国内外市场上小有名气的景区。

3. 大庆林甸温泉度假区

大庆林甸温泉度假区是位于中国黑龙江省大庆市的一个温泉度假区。林甸温泉度假区地处大庆市区东南部，距离市中心约60千米，是一个以温泉疗养和休闲度假为主题的旅游胜地，被誉为"中国温泉之乡""世界温泉养生基地"，拥有丰富的温泉资源，温泉水质优良，被认为具有一定的医疗保健价值。这里的温泉水源主要来自大庆油田，富含多种矿物质和微量元素，具有舒缓疲劳、促进血液循环和皮肤美容的功效。游客可以在度假区内的温泉浴场中尽情享受温泉泡池、温泉SPA等设施，放松身心，缓解压力。

此外，林甸温泉度假区还提供了各类休闲娱乐设施，如高尔夫球场、室内外游泳池、健身房等，供游客进行健身锻炼和娱乐活动。度假区内还有豪华的温泉度假酒店和度假村，提供高品质的住宿和餐饮服务，让游客能够全面享受度假的乐趣。

鹤鸣湖湿地温泉景区（湿地温泉）是中国首家"大型原生态湿地温泉"，同样位于黑龙江省大庆市温泉之乡林甸，占地面积为2000万平方米，现已建成以温泉养生、水上游乐、湿地游览为主，集商务、会议、度假、休闲、娱乐、餐饮于一体的综合性商务休闲度假场所。鹤鸣湖湿地具有独特的风光和生态，湿地内河流众多、水渚密布、温度适宜、雨量充沛、植被繁多。在鹤鸣湖，你可以泛舟湖漾水道，可以垂钓河塘苇荫，可以栈桥漫步沐风。鹤鸣湖原生态养生温泉区拥有室内外温泉池近40个，室内阳光水疗中心有4000平方米的超大空间，各种主题特色的私密温泉等，各种功能养生温泉一应俱全。

大庆北国温泉坐落在"中国温泉之乡"和"世界温泉养生基地"的黑龙江省大庆市林甸县，是以其丰富的温泉资源为基础，寒地温泉文化为主题文化脉络，结合现代前卫的健康度假休闲理念而打造的集温泉养生、水上娱乐、休闲健身、餐饮住宿、商务会晤于一体的综合性温泉养生休闲基地，拥有"室内温泉区""水上动感娱乐区""森林静泡药浴区""心灵养护区""豪华休息大厅""尊贵独享私家温泉别墅区""美食自助餐厅（西餐）"七大板块。

4. 亚布力滑雪景区

亚布力是中国黑龙江省哈尔滨市的一个著名滑雪胜地，被誉为中国东北地区最好的滑雪度假村之一。亚布力滑雪旅游度假区位于黑龙江省哈尔滨市尚志，是中国最早建立的国家级滑雪运动训练基地和大众滑雪旅游景区，是中国滑雪产业的发源地。其地理位置优越，冬季冰雪资源丰富，夏季森林植被丰富，气候冬冷夏凉，被誉为中国"冰雪之冠上的明珠""雪域麦加"。

亚布力阳光国际滑雪场年均气温为2—10℃，冬季积雪厚达1—2米，雪质优良，硬度适中。冬季平均气温在-10℃左右，积雪期为170天，滑雪期高达150天。为使游客深层体验冰雪的乐趣，管委会与度假区内多家企业联合打造了目前国内规模最大的冰雪欢乐世界。园区内外的所有游乐项目全部集中整合，包括雪地摩托穿越、狗拉爬犁、马拉爬犁、冰上碰碰车、大型冰雪滑道、雪地骆驼骑行、单腿驴、雪林CS野战、冰上自行车、勇闯巨人堡、冰雪大冲关等20余个参与性和互动性较强的游乐项目，占地面积为12万平方米，目前设计、选址、取冰方式、造雪设备、游乐设备已经全部到位，可以让游客深度体验龙江冰雪的无穷乐趣。亚布力国家森林公园自然景观奇丽，以森林为主体的原始生态群落构成的森林旅游资源十分丰富。在海拔1374.8米的大锅盔山主峰顶部，一亿年以前因地壳运动而形成了大片石海，这里生长着国家稀有植物——偃松，所处土壤为高山草甸土，土壤瘠薄，较为干旱，且石砾甚多，山顶风力较大，偃松完全匍匐在地面上，树干呈根状弯曲，甚为奇特。这里是体验原始森林山野情趣的理想之地。

2023年黄河旅游发展报告

王晓民　占　方[*]

一　引言

黄河是中国第二长河、世界第五长河，是中华民族的"母亲河"。黄河干流全长5464千米，流经青海、四川、甘肃、宁夏、内蒙古、陕西、山西、河南及山东9个省份，是中华民族与中华文化最主要的发祥地，也是中国文化和旅游资源最富集的区域。黄河孕育了自强不息、百折不挠的中国精神，积淀和创造了辉煌灿烂的中华文明。与此同时，黄河流域省份经济发展面临两大挑战：一是经济基础薄弱，二是生态脆弱。

推动黄河流域文化旅游产业高质量发展，最重要的还是讲好黄河故事，挖掘文化旅游资源，做好文化的"显化""活化"和"转化"。首先，要深入挖掘黄河流域历史人文价值，让黄河流域历史

---

[*] 王晓民，《中国黄河旅游年鉴》总编辑，西北旅游协作区秘书长，主要研究方向为旅游营销与品牌建设；占方，陕西西北旅游文化研究院副院长，主要研究方向为旅游营销与传播。

文化遗产持续创造新的价值，推动黄河流域文化和旅游融合发展；其次，要从黄河流域"全域旅游"的理念出发，以黄河传统文化为依托，完善对黄河流域文化旅游业发展的整体布局规划，依托"一带一路"建设，打造具有国际影响力的黄河文化旅游带，促进黄河流域文旅产业的优化升级；最后要增强国际传播力影响力，对外讲好黄河故事，推动中华文化更好地走向世界。黄河文化内涵丰富，是国际传播的重要宝藏。在当前形势下，系统梳理黄河文化精神内涵与时代价值，加强黄河文化对外传播，有助于国际社会读懂中国、读懂中华民族。

2017年1月，中共中央办公厅、国务院办公厅发布《关于实施中华优秀传统文化传承发展工程的意见》，提出规划建设一批国家文化公园。2020年10月，中央正式提出建设黄河国家文化公园。国家文化公园象征着国家精神，是承载中华文明、促进民族团结进步、增强中华文化认同的重要空间。建设国家文化公园，发掘好、利用好丰富文物和文化资源，让文物说话、让历史说话、让文化说话，是推动中华优秀传统文化创造性转化、创新性发展的重要举措。黄河国家文化公园的建设，对于黄河流域文化旅游产业的高质量发展来说，是一次千载难逢的重要机遇。

本研究采用定量调查与定性调查相结合的方式，通过网络舆情监测、国内外在线调查、深度访问等形式，围绕沿黄流域地区文旅产业发展、旅游目的地影响力、旅游营销与传播效果等开展调查与数据采集，以期为各地旅游管理部门制定黄河旅游发展规划、提升旅游营销和传播的效果提供科学依据。

本研究中的黄河文化旅游发展指数是对黄河流域各个地区、旅游目的地综合实力与影响力的全面评价。评价指标主要由三个板块构成，包括旅游竞争力、品牌力和传播力（见图1）。

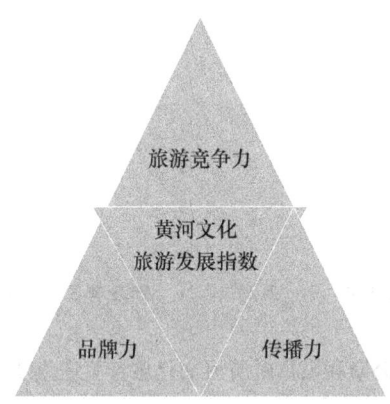

图1　黄河文化旅游发展指数评价指标构成

二　省级黄河文化旅游发展新趋势

（一）黄河文化旅游的热度持续上升

总体来看，在过去几年，除了2020年受疫情影响外，公众和媒体对黄河文化旅游的关注热度在持续上升。

黄河文化旅游热的兴起并不是昙花一现，而是有迹可循的。它主要基于三个方面的因素影响。一是中国民众文化自信的提升。这种现象的出现，是与国家经济社会发展相一致的。人们的物质生活得到满足后，自然就开始追求精神文化生活，其中就包括文化旅游。中国社会不断发展进步，加上国家相关政策扶持，大家接触传统文化、系统认识传统文化的机会越来越多，日益高

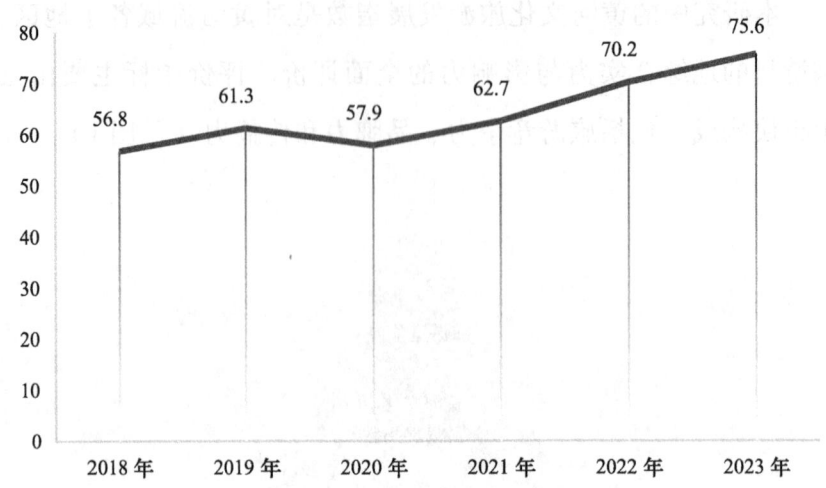

图 2　公众和媒体对黄河文化旅游关注热度的变化

资料来源：中外传播智库。

涨的"国潮""国风"热，奠定了人们接受传统文化的心理基础。

二是新媒体与科技进步，在很大程度上改变了黄河文化旅游产品的形态与传播方式。现代科技手段及其催生的科技美学，有效助推了产品形态创新，使传统文化与现代文化、新与旧实现完美融合，彰显出优秀传统文化的强大生命力。以黄河流域的非遗为例，长期以来属于小众事物，只能在博物馆或部分日常生活场景中接触到。而随着新媒体的普及，非遗传播渠道日趋多样化，可以触达各种不同类型的人群，深度嵌入人们生活的方方面面。

三是过去几年各种相关政府部门推出的促进消费扩容政策的影响，包括构建文旅多产业多领域融合互通的休闲消费体系，培育新型文化和旅游业态，开发适应游客新需求的旅游线路、旅游目的地、旅游演艺及具有地域和民族特色的创意旅游商品。例如2020年12月，三部委联合公布了首批15个国家文旅消费示范城市、60个国家文旅消费试点城市名单。沿黄流域省份中，鄂尔多斯市、济南市、洛阳市入选文旅消费示范城市，太原市、呼和浩特市、淄博市、郑州市、开封市、西安市、兰州市、张掖市、西宁市、黄南藏族自治州和银川市入选文旅消费试点城市。

（二）文旅深度融合推动黄河文化旅游产品日趋丰富多样

黄河流域有得天独厚的历史文化和丰富多彩的地域文化，为文化旅游产业的发展提供了丰富的资源。文旅融合的核心是文化产业与旅游产业的融合，融合的关键是文化做内容，旅游做市场，让文化的内容要素植入旅游的吃住行游购娱各产业链，同时又让旅游基础设施功能植入文化服务平台。

表1　　　　　　　　　黄河文旅融合形态

文博旅游	非遗旅游
文创旅游	民族民俗旅游
文旅融合景区	主题公园
旅游演艺	文化主题酒店和民宿
古村古镇旅游	研学旅游

随着文旅融合的不断深入，近年来旅游业的新产品、新项目、新业态层出不穷。例如夜间游、自驾游、露营游等注重个体休闲娱乐的旅行方式，冰雪游、研学游等注重深入参与体验

的旅行方式，已逐渐替代传统的游览观光形式，成为人们竞相追捧的旅游选择。

由沿黄9省份博物馆共同发起成立的"黄河流域博物馆联盟"，推出了一批与黄河文化有关的精品展览、主题社教、社会服务、学术讲座等活动。

诞生于黄河河畔的非遗是黄河文化的重要组成部分，也是传承中华文明精神基因的载体。青海黄河流域形成了河湟文化、热贡文化、格萨尔文化等一系列特色鲜明的地域文化。撒拉家宴、湟源陈醋、土族"背口袋"、青海老八盘、尖扎达顿宴等青海美食，青绣、剪纸技艺、"花儿"会、皮影戏、民族婚礼等非遗项目，展现了青海独具魅力的民族文化。

内蒙古不断拓宽思路，努力做好非遗与旅游业、文化产业发展等方面的系统工作，打造了河套非遗小镇、黄河湿地公园文旅区域带。河套非遗小镇按照"五行与四季"命名9条街，12个片区采用12时辰命名，分别对应非遗技艺传承区、非遗美食区、博物馆区、非遗技艺体验区、文创产品展销区等。

山西各地依托本地黄河文化符号，开展了丰富的节庆活动。河曲河灯会是流传于山西西北地区黄河岸边的一项古老的民俗活动，依托这一国家级非遗项目，忻州市河曲县连续20余年举办形式多样、内容丰富的河灯节，使其成为本地交流文化、发展经济的重要载体，制作河灯的手艺也在河灯节的发展中得以传承。

作为沿黄9省份中唯一全境属于黄河流域的省份，宁夏留下了丰富的黄河文化遗产。位于宁夏青铜峡市的黄河大峡谷以黄河为纽带，串联起一百零八塔、十里长峡、青铜峡水利枢纽、宁夏水利博览馆等众多自然和人文景观，已成为宁夏保护、传承、弘扬黄河文化的重要载体。其中，青铜峡黄河大峡谷旅游区定期开展"文脉传承母亲河·千秋伟业颂中华"黄河取水仪式等文旅活动，开发了寻访大禹、黄河文化等研学产品，让黄河文化遗产"活"起来。

（三）黄河国家文化公园成为文旅产业转型升级的战略抓手

近年来，黄河国家文化公园规划与建设进入加速期。国家发改委等部门2023年7月联合印发《黄河国家文化公园建设保护规划》，提出将全面实施强化文化遗产保护传承、深化黄河文化研究发掘、提升环境配套服务设施、促进文化和旅游融合、加强数字黄河智慧展现五大重点任务，加快推进黄河国家文化公园建设。与此同时，黄河流域主要省份陆续推出相关规划，黄河国家文化公园建设正在成为沿黄省区文旅产业转型升级的战略抓手。

2022年9月，山西省印发《山西省黄河文化保护传承弘扬规划》（以下简称《规划》），提出要打造特色黄河文化旅游品牌，讲好新时代山西黄河故事，推动山西黄河文化走向全国、走向世界。《规划》就培育世界级黄河文化旅游标识、建好黄河国家文化公园（山西段）、建设国际知名黄河文化旅游目的地、打造具有国际影响力的黄河文化旅游带、创作黄河题材文化精品等方面做出明确阐述。

陕西省于2019年成立了省级国家文化公园建设工作领导小组,组织编制了《陕西省黄河国家文化公园建设保护规划》,统筹推进建设工作,抢抓建设机遇,将碑林博物馆、黄帝陵祭祀、渭河文化遗产带等14个项目纳入国家储备库。

根据规划,黄河国家文化公园(陕西段)范围包括西安市(含西咸新区)、宝鸡市、咸阳市、铜川市、渭南市、延安市、榆林市、杨凌示范区、韩城市全境及商洛市洛南县、商州区、丹凤县,共82个县(市、区),面积约为14.3万平方千米。

河南省开展黄河国家文化公园488处重大资源分类与评价,建立黄河文化遗产资源大数据库,并集中打造了隋唐洛阳城、北宋东京城等50个核心展示园,河洛文化等20条集中展示带,洛邑古城等130处特色展示点等一批优质黄河文化旅游产品。

山东聚焦"地处黄河下游,工作力争上游"的总体目标,聚力建设黄河文化旅游带,已经发布和即将发布的省级规划主要有《黄河文化保护传承弘扬规划》《黄河文化旅游带总体规划》《黄河流域非物质文化遗产保护传承弘扬规划》《黄河国家文化公园(山东段)建设保护规划》等。

表2　　　　主要省份有关黄河国家文化公园规划的要点

	规划内容
山西省	打造特色黄河文化旅游品牌,讲好新时代山西黄河故事,推动山西黄河文化走向全国、走向世界。《山西省黄河文化保护传承弘扬规划》就培育世界级黄河文化旅游标识、建好黄河国家文化公园(山西段)、建设国际知名黄河文化旅游目的地、打造具有国际影响力的黄河文化旅游带、创作黄河题材文化精品等方面做出明确阐述

续表

	规划内容
陕西省	黄河国家文化公园（陕西段）范围包括西安市（含西咸新区）、宝鸡市、咸阳市、铜川市、渭南市、延安市、榆林市、杨凌示范区、韩城市全境及商洛市洛南县、商州区、丹凤县，共82个县（市、区），面积约为14.3万平方千米
河南省	开展黄河国家文化公园488处重大资源分类与评价，建立黄河文化遗产资源大数据库，并集中打造了隋唐洛阳城、北宋东京城等50个核心展示园，河洛文化等20条集中展示带，洛邑古城等130处特色展示点等一批优质黄河文化旅游产品
山东省	《黄河文化保护传承弘扬规划》《黄河文化旅游带总体规划》《黄河流域非物质文化遗产保护传承弘扬规划》《黄河国家文化公园（山东段）建设保护规划》等

三 省级黄河文化旅游发展指数

（一）沿黄省份文旅产业竞争力分析

1. 两大挑战：经济基础薄弱，生态脆弱

截至2022年，沿黄9省份人口总数为4.2亿人，占全国总人口的29.8%；地区生产总值为30.7万亿元，占全国的25.5%。总体来看，黄河流域地区的经济发展低于全国平均水平。

9省份中，山东省经济体量最大，河南、四川的经济也在保持较高增速；与它们相比，青海、宁夏、甘肃等西部省份的经济结构单一，发展非常受限。

此外，黄河流域省份的发展面临自身生态脆弱的问题，如湿地草场退化、土地盐碱化、水土流失、水资源短缺、生态修复与保护成本高等；且由于受地理条件制约，沿黄各省份经济联系度不高，区域分工协作意识不强。

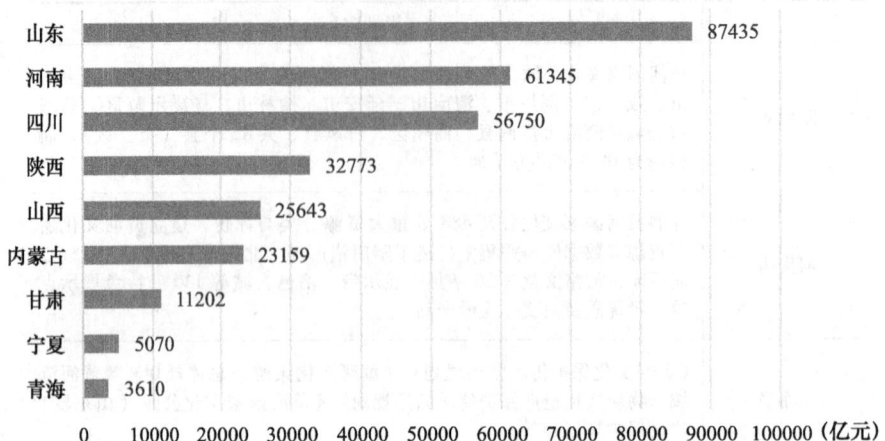

图 3 2022 年沿黄 9 省份地区生产总值

资料来源：国家统计局。

2. 文旅产业发展居全国中下水平

从游客人次、旅游收入等数据来看，黄河沿线多数省份在全国居于中下游水平。9 省份中，山东、河南、四川的文旅产业竞争力较高。

在入境游方面，黄河流域地区入境过夜游客人次达不到全国平均水平的一半，由此可见，黄河旅游对国际游客的吸引力还非常弱。

表3　　　　　　　2022 年各省份国内游客情况　　　　　（单位：万人次）

序号	省份	游客数量
1	青海	2157.65
2	四川	63600

续表

序号	省份	游客数量
3	甘肃	13500
4	宁夏	3883.03
5	内蒙古	9249.08
6	陕西	34700
7	山西	3010.1
8	河南	43600
9	山东	59000

资料来源：根据各省份统计局发布的统计公报整理。

3. 文旅资源丰富，发展潜力巨大

黄河流域自然景观壮丽秀美，文化资源富集，沿黄9省份共有世界遗产47项（点），国家级文化遗产（物质和非物质总计）781项，干流城市有国家5A级旅游景区36个，未来发展潜力巨大。

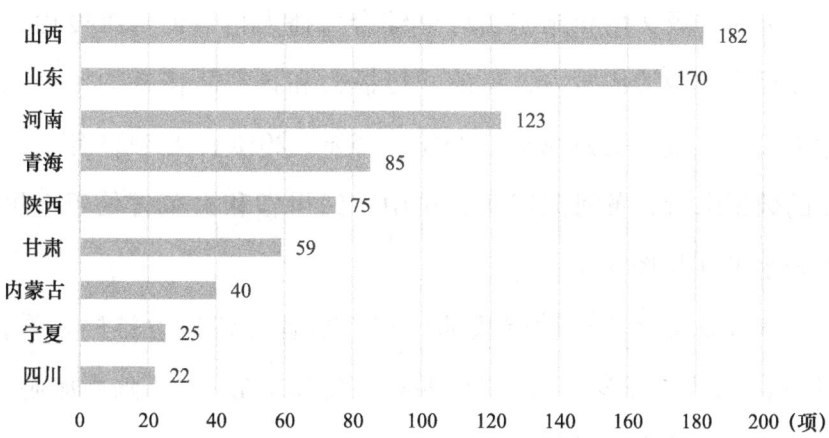

图4 各省份沿黄流域国家级文化遗产数量

资料来源：《中国黄河旅游年鉴（2023）》。

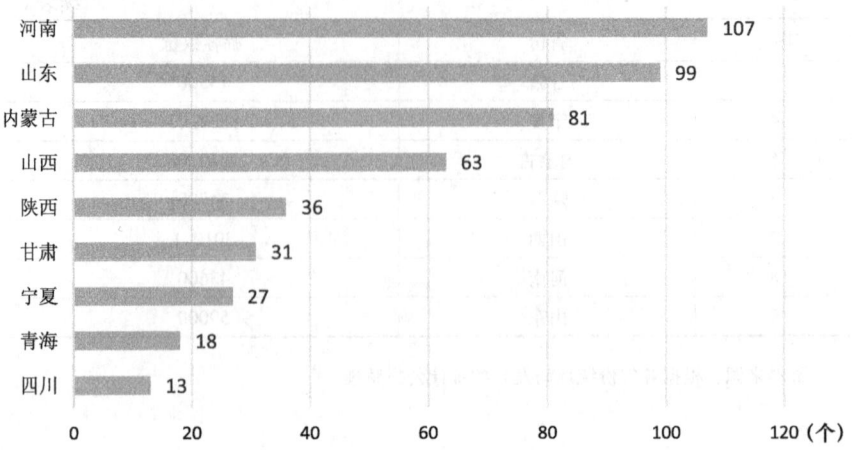

图 5　各省份沿黄流域核心景区数量

资料来源：《中国黄河旅游年鉴（2023）》。

（二）黄河流域各省份文旅新媒体传播力

1. 国内新媒体传播力

全国省级文化和旅游新媒体综合传播力指数评价维度由微信传播力、微博传播力、头条号传播力和抖音号传播力4个指标构成，权重分别为40%、25%、15%、20%。从2023年上半年的数据来看，黄河流域9省份中，四川省和山东省处于全国领先水平（见图6）。

从省级文化和旅游行政部门官方抖音号传播力排序来看，"四川文旅""好客山东""山西省文化和旅游厅""陕西旅游"受关注度比较高（见图7）。

2. 国际新媒体传播力

全国省级文化和旅游新媒体综合国际传播力指数的评价维

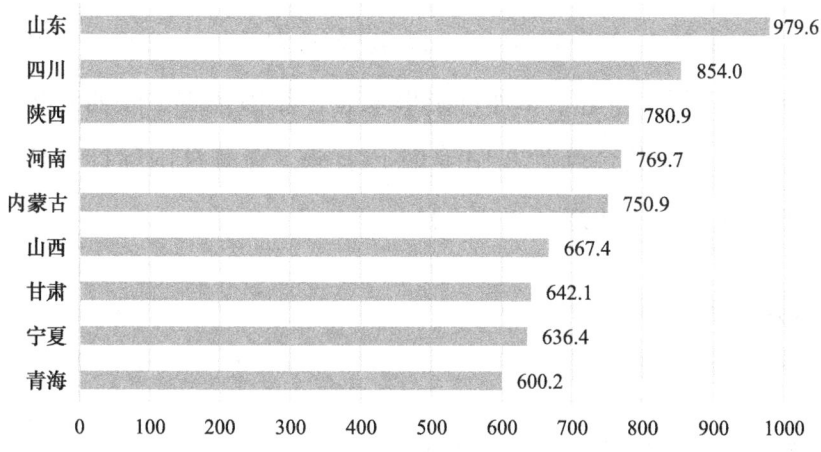

图 6　2023 年上半年黄河流域各省份新媒体传播力综合指数

资料来源：中外传播智库。

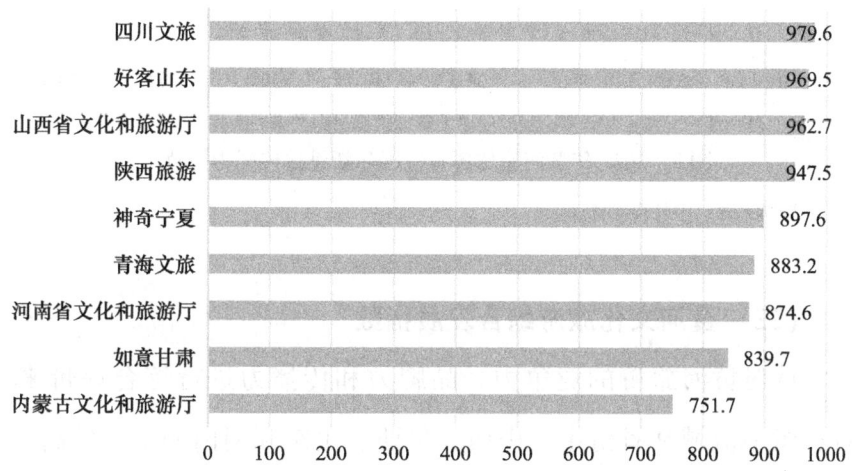

图 7　2023 年上半年黄河流域各省份抖音传播力指数

资料来源：中外传播智库。

度由 Facebook 传播力、Twitter 传播力、Instagram 传播力、视频平台传播力 4 个指标构成，权重分别为 30%、20%、20%、30%。从 2023 年上半年评价结果来看，除山东省、陕西省进入全国前列外，其余均处在中等偏下水平，青海在国际社交传播上则还处于空白状态（见图 8）。

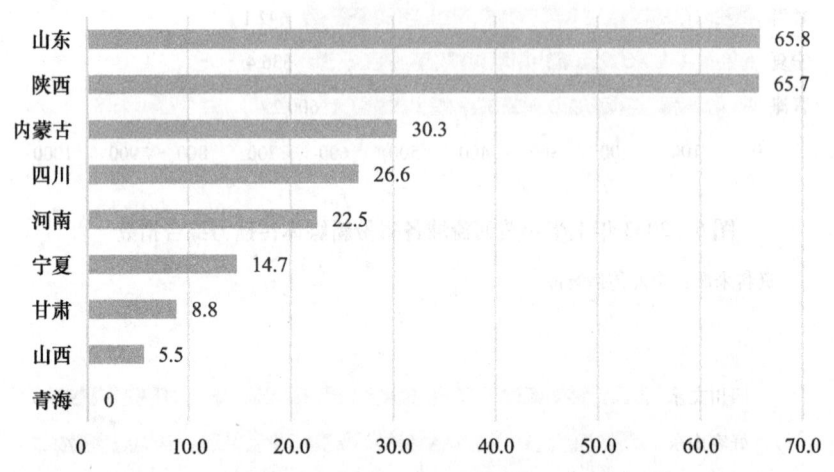

图 8　2023 年黄河流域各省份国际新媒体传播力指数

资料来源：中外传播智库。

（三）黄河文化旅游综合发展指数

从对黄河旅游的竞争力、品牌力和传播力进行综合评价来看，黄河流域 9 省份中，山西、陕西、山东和河南的水平较高。

黄河流经 9 省份中，沿线大中小型城市有 82 个。其中，河南数量最多，为 17 个；其次是山东，为 13 个；山西居第三，为 11 个；四川数量最少，为 1 个。

从影响力评价结果来看，沿黄流域城市影响力高的有兰州市、开封市、东营市、渭南市、临汾市、济南市、延安市、银川市、郑州市。

黄河流经9省份中，县域数量庞大。在黄河文化旅游的发展过程中，由于各地的重视及参与度的不同，在传播和影响力上也存在着较大的差距。整体来看，贵德县、合阳县、高青县、永靖县、佳县、临县、准格尔旗、孟津区、潼关县、若尔盖县的传播指数和受关注度相对较高。

综合各项评价指标，壶口瀑布、乾坤湾景区、沙坡头景区、龙羊峡景区、响沙湾、碛口古镇、清明上河园、永靖黄河三峡、东营黄河入海口湿地公园、兰州黄河夜游在黄河流域受关注度高，影响力大。

四 总结：挑战、机遇与建议

（一）挑战

1. 交通不畅带来的制约

交通是文化旅游负载、发展、传播的基石。吃住行游购娱六要素中，"行"至关重要。目前，沿黄河区域仍然存在交通不便、设施服务不完备、高铁建设滞后等交通问题。

2. 缺乏统一规划

黄河流域各省区市都有其自身的文化特色，但缺乏统一规划。各个景区处于单点状态，未形成连点成线、连区成带全面发展的格局。各省份、各城市之间的项目缺乏联动，致使黄河

新媒体影响力报告（2023）

沿线旅游现阶段多停留在一次游、观光游、探险游等单一模式。

3. 文化旅游产品吸引力不足

黄河旅游以自然风光游、历史古迹游、民俗旅游为主要特色，缺乏大型主题公园、沉浸式文旅项目，也很少有在全国具有广泛影响力的网红项目。

4. 国际影响力偏弱

总体来看，尽管过去几年，有关黄河的传播量有了明显上升，但对比长江流域、东南沿海地区，黄河流域文旅景区的影响力还是普遍偏弱，很多文旅部门缺乏对外传播的通道与能力。

（二）机遇

1. 文旅消费进入新时代

2012年，中国旅游大众化时代开启，2023年则开始步入全民旅游时代。旅游不再受年龄、收入、职业等的限制，成为人们生活方式的重要组成部分。收入和休闲时间的增加，汽车和高铁普及带来的交通便利，文旅产品和业态的极大丰富是全民旅游的三大推动要素。其结果，新的文旅产业，即文化产业＋旅游产业＋创意产业＋数字文旅产业正在形成，未来文旅产业将持续保持快速增长，并发展成中国第一产业。而拥有丰富文化旅游资源的黄河流域地区，其文旅产业也将面临前所未有的新发展机遇。

2. 科技赋能文旅

三年疫情，文旅产业开始借助数字科技的力量，数字化速度大大加快。文旅数字化是指利用数字技术对文旅产业进行全方位、多角度、全链条的改造过程。

VR/AR、人工智能等新一代信息技术，将给文旅产业带来超预期变革。借助数字技术，可以挖掘黄河文化和生态资源、民俗民风和风土人情，并通过打造线下沉浸式场景，全面赋能黄河文化景区线下数字化体验，突破黄河夜间与冬季旅游限制。

3. 黄河国家文化公园建设

国家发改委、中宣部、文化和旅游部、国家文物局等部门联合印发了《黄河国家文化公园建设保护规划》，提出构建黄河国家文化公园"一廊引领、七区联动、八带支撑"总体空间布局，分类建设管控保护、主题展示、文旅融合、传统利用4类重点功能区。

黄河国家文化公园的建设不仅对中国国内旅游发展具有重要意义，同时也会在一定程度上促进入境旅游的发展。从这个意义上讲，黄河国家文化公园建设将使黄河流域成为世界有重要影响力的文化目的地旅游带。

（三）建议

1. 强化顶层设计，构建具有国际影响力的黄河文化旅游带

以黄河生态文化带建设为抓手，推进黄河文化与旅游融合发展，建成一批特色鲜明、文化底蕴深厚的文化景观；以建设黄河国家文化公园为目标，整合黄河沿线峡谷奇观、黄河湿地、地上悬河等旅游资源，以及沿线的考古遗址公园、文保单位等

新媒体影响力报告（2023）

　　文化资源，加强道路交通等基础设施的连通和运营管理上的融通，规划建设一批文化旅游名城、名镇、名村，打造以黄河为轴线、具有国际影响力的文化旅游带。

　　黄河文化旅游带的基本要素有四个，包括黄河文化标志性景观、黄河文化节点城市、黄河文化旅游目的地、黄河文化基本元素。只有将这四个要素形成一个统一体，才能构成黄河文化旅游带。目前，沿黄9省份对旅游带建设提出了多个建设方案，但都是立足本省份的文化特质提出的，难以形成具有国际影响力的文化旅游带。未来，需要从国家层面强化顶层设计，进行资源整合，使黄河文化旅游带真正成为一个有机整体。

　　就未来黄河文化旅游带建设来说，区域合作是必要的先决条件，合作内容包括旅游营销、制度设计、旅游规划和平台建设方面。例如，陕西省先后与甘肃、山西等省份签订文旅合作发展战略协议，深化文旅项目建设、市场开发等重点领域合作交流；牵头成立黄河流域9省份传统戏曲保护联盟，通过旅游合作、文化交流、文旅惠民等形式，引导联盟城市客源互动、线路延伸、服务升级，共同讲好陕西黄河故事。

　　2. 强化文化创意与科技融合，不断丰富黄河文化旅游新形态新业态

　　未来，重点是推进文化创意与科技创新的结合，以数字带动实体、以虚拟带动现实、以线上带动线下、虚实融合发展。同时，突出创意、科技和时尚元素，在黄河沿线城市集中推出一批带有黄河文化特色的"黄河味道""黄河礼物""黄河节目"。

黄河沿线的旅游产品开发，可以结合黄河文化的标志性景观、黄河文化节点城市、黄河文化的要素来构建旅游产品体系。一是以观光为主要目的旅游产品，如历史文化游、黄河古镇游、宗教文化游、黄河风情游、特色村镇游等；二是以休闲娱乐为主要目的旅游产品，如黄河民宿、黄河主题露营、黄河文化度假区、黄河文化节事、黄河文化演艺、黄河文化休闲街区等。科技与文旅结合的业态可复制性强，可实现文旅新业态的快速发展。传统旅游景区依赖当地的旅游资源和基础设施，难以实现外延扩张，而科技创新带来的文旅新业态可以实现运营方案、文化内容、品牌营销的效益最大化。

3. 打造黄河文化旅游 IP 和品牌矩阵

以建设黄河文化公园为契机，进一步树立"大黄河"理念，串珠成链、轴带贯通，通过在沿黄城市建设黄河国家文化公园、黄河国家博物馆、黄河文化遗址展示体验区、古都古城，以及沿黄生态廊道和沿黄旅游风景道等，着力打造黄河文化旅游 IP。

在黄河文化旅游大 IP 的基础上，进一步构建黄河旅游品牌矩阵。这个品牌矩阵可以分为五大类，包括黄河城市品牌、区域公共品牌、黄河景区品牌、非遗品牌和文旅企业品牌。如近年来，河南文旅着力打造老家河南、天下黄河、华夏古都、中国功夫四大国际性品牌，培育推出大河文明、寻根拜祖、仰韶文化等 10 条精品旅游线路；按照穿点成线、串珠成链的方式，整合推介"只有河南·戏剧幻城"、银基国际旅游度假区等优质文旅产品和旅游目的地。

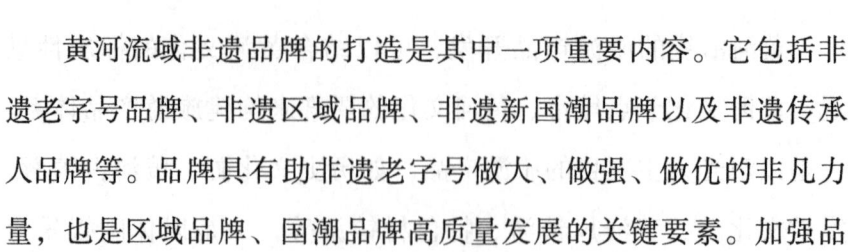

黄河流域非遗品牌的打造是其中一项重要内容。它包括非遗老字号品牌、非遗区域品牌、非遗新国潮品牌以及非遗传承人品牌等。品牌具有助非遗老字号做大、做强、做优的非凡力量，也是区域品牌、国潮品牌高质量发展的关键要素。加强品牌建设是培育一流非遗企业的战略选择，是赢得新竞争优势的必由之路。

4. 开展整合营销与跨界营销

黄河文化旅游带沿线城市要打破行政区划界限，积极推动黄河文化旅游带旅游的整合营销，实现资源的有效配置。通过项目合作，促进各城市旅游业的联动发展；通过发挥旅游中心城市的辐射与带动作用，带动沿线周边其他层级的旅游节点城市梯度发展。

黄河文化旅游带旅游区域合作要取得成效，构建不同层次的黄河文化旅游带营销合作平台更为重要。从国家层面，需要有专门的黄河文化旅游带旅游协调机构，建立多双边旅游合作机制，为黄河文化旅游带的建设提供机制保障。搭建旅游合作平台，定期组织不同类型的高端峰会、旅游论坛、重大节事活动，鼓励沿线城市积极参与，为各类主体参与旅游合作搭建桥梁，分享旅游发展、资源保护与开发、城市管理等多方面的经验，就旅游合作展开广泛交流。最终通过创新区域合作建立共享机制，促进沿线城市市场开放、文化互鉴、线路共享、信息共享、利益共享。

从区域层面，要通过组建跨省、跨市的营销联盟，充分发挥跨界营销的作用。近年来沿黄河区域携手推动黄河沿线旅游合作，采取多种措施共同打造黄河金岸旅游项目和黄河旅游系列产品，黄河旅游和黄河文化得到了全面推广。自2016年开启中国黄河旅游带建设合作以来，共举办了四次中国黄河旅游大会，建立了沿黄城市旅游产业联盟，举办了黄河旅游美景展，万里黄河沿线牵手合作，共同展现全域旅游好风光，黄河沿线的旅游合作全面进入新的发展阶段。

5. 讲好黄河故事，开启黄河文化国际传播新篇章

开展黄河文化国际传播面临着重要而艰巨的任务。目前对黄河文化全面性、系统性研究尚需加强，对其中蕴含的中华文化基因和精神特质提炼梳理不够，黄河文化对外话语体系建设差距较大，缺少黄河故事的国际表达。黄河大多流经经济基础相对薄弱的地区，开展国际传播需要更大投入。随着新技术、新媒体的广泛应用，黄河文化旅游的国际传播迎来新的发展阶段。

为助力打造具有国际影响力的黄河文化旅游带，文化和旅游部资源开发公司推出了9条黄河文化旅游带精品线路外文版。这9条线路展示了河西走廊、醉美川西、神秘西夏、草原牧歌、晋蒙融合等黄河主题文旅资源，吸引世界游客到中国探索发现黄河文化与自然之美，享受独具魅力的中华文化旅游体验。中外文化交流中心将联合沿黄9省份文化和旅游行政部门，联动中国驻外使领馆、海外中国文化中心和中国驻外旅游办事处，推出900余个数字产品，用世界听得懂、易接受的方式，讲好黄河故事，展示好黄河文旅资源。

未来，要加快构建黄河文化国际传播内容体系。认真研究梳理黄河文化中适合国际传播的重点要素和主要内容，抓紧构建国外受众听得懂、易接受的黄河文化对外话语体系。充分调动沿黄流域各有关方面、行业群体、社会力量等传播优势，打造多元主体传播格局。

城市户外运动发展报告

李蓟昭　韩娟娟[*]

2023年以来，受旅游需求集中释放、旅游目的地花式营销、宏观政策助推、各级政府协同发力等多重因素影响，旅游业迎来强劲复苏，整体高开稳走，研学、避暑、康养、休闲度假、户外等细分市场百花齐放，多数目的地接待游客人数创下历史新高。《世界旅游城市发展报告（2022）》显示，在市场预期整体向好的形势下，旅游行为呈现出明显的日常化、休闲化和户外化的趋势，旅游业生态体系也相应的更加多元化、体验化、创新化和融合化。城市户外运动旅游顺应旅游业的发展趋势，兼具体旅融合、重体验参与、年轻潮流、社交属性、产业带动强等特征，受到消费者、产业界和学界的广泛关注。

一　城市户外运动作为文旅项目的发展历程

户外运动在20世纪80年代从欧美国家传入中国，发展起

---

[*] 李蓟昭，中国社会科学院新闻与传播研究所研究实习员，主要研究方向为行业舆情；韩娟娟，中国社会科学院大学政府管理学院硕士研究生，主要研究方向为旅游业专项治理。

步较晚。1985 年，国家体委主要从事国际性体育交流和特种体育旅游活动，兼顾全国体育旅游管理，成立中国国际体育旅游公司。此时，体育旅游活动萌芽，由体育部门主导发展，旅游部门作用未显现，呈现出小众化、专业性、单品类、旅游活动要素不完全的特征。

20 世纪 90 年代起，各地因地制宜，开发了多种旅游产品，包括黄河漂流、黑龙江亚布力滑雪旅游度假区、内蒙古那达慕大会、湖北宜昌龙舟赛等。其中，广西开发了众多以健身娱乐为目的的旅游产品，如森林徒步、登山探险、山涧江河漂流等 150 个项目，还利用自身资源建设了众多体育项目训练基地，吸引了大批的体育旅游者，尤其是国外游客。① 2001 年，国家旅游局发布了《中国体育健身游活动方案》，② 列出 146 项体育旅游产品，推出了攀岩、漂流、滑雪、沙漠探险、登山、徒步、自行车旅游、驾车自助游、海滨健身游、武术健身旅游、高尔夫球 11 个体育旅游专项产品。此时，体育旅游活动进一步发展，主导部门归位于旅游部门，呈现出向大众普及的趋势，专业门槛降低，种类丰富，体旅融合边界拓宽，旅游属性和要素开始凸显。

2005 年，国家体育总局正式将山地户外运动设立为体育项目，由总局登山运动管理中心分管其工作，户外运动正式得到认证。③ 2009 年，国家体育总局、国家旅游局联合发布《促进

---

① 周立华：《国内外体育旅游开发的比较研究》，《武汉体育学院学报》2005 年第 1 期。
② 《体育健身游定为我国新世纪开局之年"旅游大餐"》，2000 年 11 月 17 日，光明网，https://www.gmw.cn/01gmrb/2000-11/17/GB/11%5E18607%5E0%5EGMB2-111.htm。
③ 《国家体育总局关于将山地户外运动设立为我国正式开展的体育项目的批复》，体竞字〔2005〕77 号。

城市户外运动发展报告

中国体育旅游发展倡议书》。同年，国务院出台的《关于加快发展旅游业的意见》指出："大力推进旅游与文化、体育、农业、工业等产业和行业的融合发展"。2010年，《国务院办公厅关于加快发展体育产业的指导意见》指出："发挥体育产业的综合效应和拉动作用，推动体育产业与文化、旅游、电子信息等相关产业的复合经营，促进体育旅游、体育出版、体育媒介、体育广告、体育会展、体育影视等相关业态的发展。"环千岛湖国际公路自行车赛、环青海湖国际公路自行车赛、崇礼滑雪等品牌诞生，产业继续发展，体旅融合作为正式的发展战略出现，并上升到国家层面，由体育总局和旅游局协同推进。

近年来，随着社会经济水平的提高，民众对身心健康的关注度不断提升，体育旅游参与积极性随之升高，参与规模向全民普及。国家体育总局委托国家统计局开展的《"带动三亿人参与冰雪运动"统计调查报告》显示，2015年北京成功申办冬奥会以来，全国居民冰雪运动参与率达到24.56%，冰雪运动的参与人数为3.46亿人。市场细分趋势明显，冰雪运动旅游、山地户外旅游、露营旅游、体育小镇、山地车、赛事活动、冲浪等基本形成产业链，带动了户外运动装备产业的迅猛发展。诸如德清莫干山"裸心"体育小镇、登封嵩皇体育小镇、无锡拈花湾小镇等体育旅游项目成长起来。相关政策密集出台（见表1），主导部门由体育和旅游部门向多部门联合推进转变，并细化政策范围，关注产品单项的政策支撑，助力细分市场的健康可持续发展。此时，体育旅游产业格局基本形成，已有旅游目的地结合自身资源引入新潮体育项目，增强游客的体验感和参与性，成为新的体旅产业增长点。

表1　　　　2014—2022年重大体育旅游政策

	发文单位	政策名称	主要内容
2014年	国务院	《关于加快发展体育产业 促进体育消费的若干意见》	促进体育运动与旅游的融合发展
2016年	国家旅游局、国家体育总局	《关于大力发展体育旅游的指导意见》	引领健身休闲旅游发展，以群众基础、市场发育较好的户外运动旅游为突破口，重点发展冰雪运动旅游、山地户外旅游、水上运动旅游、汽车摩托车旅游、航空运动旅游、健身气功养生旅游等体育旅游新产品、新业态
2016年	国家体育总局、国家发改委、教育部、国家旅游局	《冰雪运动发展规划（2016—2025年）》	政府引导、社会参与。初步形成以冰雪场地设施建设运营为基础，冰雪大众休闲健身和竞赛表演为核心，以冰雪体育旅游为带动，冰雪装备制造为支撑的冰雪产业体系
2017年	国家体育总局	《关于推动运动休闲特色小镇建设工作的通知》	实现体育旅游、体育传媒、体育会展、体育广告、体育影视等相关业态共享发展，运动休闲与旅游、文化、养老、教育、健康、农业、林业、水利、通用航空、交通运输等业态融合发展，打造旅游目的地
2021年	文化和旅游部	《"十四五"文化和旅游发展规划》	提出要丰富优质旅游产品供给，推动自驾车旅居营地和线路建设，认定一批国家级滑雪旅游度假地

244

城市户外运动发展报告

续表

	发文单位	政策名称	主要内容
2022年	国家体育总局、国家发改委、工业和信息化部、自然资源部、住房和城乡建设部、文化和旅游部、林草局、国铁集团	《关于印发〈户外运动产业发展规划（2022—2025年）〉的通知》	推进户外运动与旅游深度融合，以徒步、骑行、汽车自驾、航空运动等项目串联景区景点、度假区
2022年	文化和旅游部、中央文明办、国家发改委、工业和信息化部、公安部、自然资源部、生态环境部、住房和城乡建设部、农业农村部应急管理部、市场监管总局、国家体育总局、林草局、乡村振兴局	《关于推动露营旅游休闲健康有序发展的指导意见》	丰富旅游休闲产品供给，有序引导露营旅游休闲发展，不断满足人民群众美好生活需要

二 发展现状

（一）户外运动旅游发展"冷热"交替

近三年出行半径受阻，人们将"诗与远方"转换成了"野到家门口"模式。小红书《2021生活方式趋势关键词》《2022年十大生活趋势》《2023小红书年度生活趋势：投入真实生活》报告显示，2020年滑雪相关笔记发布量同比增长89%；2021年小红书露营、桨板、飞盘等发布量同比增长5—6倍，滑雪教程搜索量同比增长100%；2022年城市近郊露营基地等相关笔记发布量同比增长287%。露营和飞盘在疫情期间逆势火爆，其原

245

因是人们在疫情期间积攒的负面情绪和收入降低等生活压力亟须宣泄，城市近郊、简单低成本的户外轻游备受年轻人青睐。滑雪的高位热度则主要归功于2022年举办的北京冬奥会带来的冰雪运动热潮和项目本身的吸引力。

三年疫情期间，传统户外运动旅游项目如环青海湖赛、"多彩贵州"自行车联赛、北京马拉松等赛事取消，蜈支洲岛（深潜）、天目湖旅游度假区等暂停营业，营收骤降、人员失业、企业倒闭等现象时有出现，行业发展受到打击。

2023年国内游全面放开后，精致露营、飞盘热度骤降，滑雪旅游仍然保持较高热度，赛事活动、景区则重整旗鼓，强势复苏。热度转换背后的发展逻辑是旅游市场回暖，整体供给丰富多元，游客选择也更加多样化，实现热度分流；再者是压抑三年的需求爆发，此时游客更加追求远程、刺激、新鲜感的目的地，传统项目诸如赛事、景区类拥有成熟的服务和品牌，更能满足这一需求。但是，热度转换不代表销声匿迹，露营和飞盘深入人心，成为周边游的一个重要业态。①

（二）户外运动旅游供给多元化、融合化

从产品供给来看，户外运动旅游涵盖赛事节会、运动公园、运动度假综合体、运动休闲小镇等类型，发展细项各不相同，滑雪、山地车、徒步、营地、赛车、漂流、冲浪、滑

---

① 《"精致露营"能否成为周边游走热下的市场新宠？》，2021年10月11日，百度网，https：//baijiahao.baidu.com/s？id=17133232627204901768wfr=spider&for=pc。

城市户外运动发展报告

翔、赛艇等门类众多，基本能满足游客对不同项目的体验需求。运营方更加注重服务品质提升，并引入高科技手段提升服务精细化水平。户外运动与旅游融合的程度越来越深，范围越来越广，跨界协同水平不断提升。从政策来看，文旅部和体育总局等相关部门多次联合发文，推进户外运动与旅游深度融合，支持徒步、骑行、航空运动等项目串联景区景点、度假区。从产业发展来看，具备影响力的户外运动旅游品牌已经崭露头角，如莫干山体育小镇、崇礼滑雪等。从游客体验来看，参与性强和健康属性显著的户外运动项目能快速被游客接受。

（三）户外用品产业快速发展，产品科技水平受消费者关注，高端市场国产化不足

与传统旅游集中带动食住行游购娱不同，户外运动旅游显著带动户外用品产业的发展。国内户外用品市场起步晚，专业人才缺乏，高端原材料渠道能力弱，产品专业和技术水平较为落后。国外户外用品高端品牌层出不穷，抢占国内市场，如始祖鸟（加拿大）、狼爪（德国）、Snow Peak（日本）、巴塔哥尼亚（美国）、猛犸象（瑞士）、北极狐（瑞典）等高端品牌大多来自欧美，国内品牌骆驼、探路者、牧高笛与哥伦比亚（美国）、北面（美国）等同列中端品牌，国内品牌蕉下与迪卡侬（法国）为大众品牌，国内厂商在高端市场缺乏竞争力。

新媒体影响力报告(2023)

（四）户外运动旅游市场处于大众化普及前期，市场渗透率处于较低水平

华创证券数据显示，中国参与户外运动项目的人口约为1.3亿人，占总人口的9%，城镇居民参与率为15%左右，显著高于农村人口参与率。而发达国家在人口数量和参与率上均高于中国，美国参与户外运动人口达到1.6亿人，占总人口的53%，英德法等国家参与度也均达到50%，对比来看，中国户外运动市场还有很大的发展潜力和空间。

（五）旅游动机加速转变，社交媒体影响力提升，新消费趋势出现

受社会影响，民众越来越关注自身，旅游出行特征随之重构。调查结果显示，中国旅游者更加追求小众独特的旅游项目，看重自在松弛和"深度在地"的出游体验，期望未知惊喜。[1]

在纯粹的旅游体验之外，社交媒体上看重的"出片"水平不可忽视。随着抖音、小红书、快手等应用的纵深发展，其对现实生活的影响值得关注。疫情期间的飞盘和露营，疫情结束后的"特种兵旅游"和"City Walk"均是在踩准社会发展脉搏的基础上被众多种草达人和网红博主推广而快速风靡的。在其影响下，除了传统的身体、文化、人际交往等旅

---

[1] 《中国旅行消费趋势洞察白皮书（2023年版）》，2023年5月31日，微信公众号，https://mp.weixin.qq.com/s/pHprCkV2Tn4u_tcjaiGrqg?poc_token=HPpNLmWjWNxHL1OVPUcjAvrTN-pGV0x6kG8NclvA。

城市户外运动发展报告

游需求,"出片"水平也被着重考虑进来。户外运动旅游时尚潮流、活力四射、装备用品酷,并能彰显个性和品位,更能"出片"获取流量。

同时,城市的旅游消费中心和市场基础支撑地位更加突出,都市休闲、周边和近程旅游已经成为旅游投资基础支撑和创业创新的主引擎。综合来看,户外运动旅游类产品已经基本满足客户需求,市场供需两旺,发展前景值得期待。[1]

(六)游客分层,两大客群特征差异明显[2]

据调研,户外运动旅游的游客可分为两类——以旅游为主要目标的零基础游客和以户外运动为主要目标的运动爱好者。零基础游客规模大,将目的地的户外运动作为深度体验的项目游玩,以散客或旅游团组织出游,主要关注项目的可上手性和运动体验,户外用品主要为现场租赁,基本上属于"一次游",不会因为某项目重游,游客黏性差。户外运动爱好者规模小,以散客或俱乐部组织出游,重点体验户外运动,途经景点会驻足,会因为目的地有专业的场地和运营专门出游,主要关注运动项目开发的专业性、可及性和配套设施,配备个人专属户外用品,会多次重游。

---

[1] 《终结与重构——2022 年旅游经济回顾与 2023 年展望》,2023 年 1 月 1 日,中国旅游研究院网站,https://www.ctaweb.org.cn/cta/gzdt/202301/246f2e9af16546dfb31e165b1253ef82.shtml。

[2] 笔者于北京访谈户外运动爱好者,2023 年 9 月 10 日。

新媒体影响力报告(2023)

三 重点案例

（一）户外度假综合体：先旅后体——德清莫干山"裸心"体育小镇

德清莫干山依托丰富的自然资源、别墅遗存和临近长三角的区位优势等条件，迅速发展起了民宿度假产业，创造"民宿商业奇迹"。莫干山民宿有"洋家乐"、精品民宿和农家乐民宿三种，形成以"后坞—仙潭—燎原—劳岭—兰树坑"为中心①的环莫干山面状核心集聚区和边远村域多点集聚的民宿空间发展结构。目前在美团搜索莫干山民宿，共有1100余家，较知名的有裸心谷、莫干山里法国山居、大乐之野、半边山下·莫干山桃源、芝麻谷艺术酒店。

2015年，莫干山镇全年旅游总收入为6.01亿元，民宿接待游客130.3万人次，占旅游总人次的93.8%，实现直接营业收入5.14亿元，占旅游总收入的85%。②2016—2017年，莫干山的民宿供给量已经超过游客数量，民宿的生存环境愈加艰难，单一的产业结构发展遇到瓶颈，产业融合之路开启。

从地理环境来看，莫干山海拔较低，但山势多样，既有悬崖峭壁，也有缓坡平地。这为它开展攀岩、登山、山地车速降

---

① 《为什么莫干山民宿可以演变成产业集群，演变过程又是如何的？》，2021年12月2日，微信公众号，https://mp.weixin.qq.com/s/wqiw1caFLsIgpPUMVUj6Eg。
② 《2015年德清县国民经济与社会发展统计公报》，2016年4月6日，德清县人民政府网站，http://www.deqing.gov.cn/hzgov/front/s134/zjdq/tjgb/20160406/i1776419.html。

城市户外运动发展报告

等极限运动提供了天然条件,优美自然风光的加持更成为高净值休闲人群的首选。并且,莫干山体育产业已有基础,以体育健身休闲、场馆服务及体育用品的销售和制造为主,已初步形成泰普森、五洲体育、乐居户外、久胜车业4大产业集群。再者,区域内旅游资源分散,发展户外运动能串联周边,也能拓宽游客体验边界。

莫干山相继引进了Discovery探索极限主题公园、久祺国际骑行营、象月湖户外休闲体验基地、莫干山山地车速降赛道、德清莫干山沈园户外营地、路虎体验中心等户外运动项目,莫干山的体旅融合格局形成。这种模式于游客而言,提升了其体验深度,吸引了户外运动群体,扩充了原有的游客规模;于产业而言,结构更加合理,发挥产业协同效应,带动更多人就业,发展前景较为稳健。

表2　　莫干山体育小镇重点户外项目一览

重点项目	简介
Discovery(探索)极限基地	Discovery探索极限基地主要由多项户外探险设施组成:攀岩墙、丛林滑索、高空网阵挑战、地面障碍、热气球、徒步探索、荒野求生等。这些设施可以充分满足国内外户外玩家的挑战需求,带来世界顶级的户外探险体验
久祺国际骑行营	久祺国际骑行营一期建有专业级5千米赛道以及业余赛道,采用PumpTrack土坡和Enduro越野赛相互搭配的方式进行,另有户外露营区、农耕文化园、八卦农田等丰富的园区业态,配以五星级久祺雷迪森酒店
象月湖户外休闲体验基地	莫干山·象月湖国际休闲度假谷是泰普森控股集团旗下文旅项目,总规划占地2800亩,总建筑面积达10万平方米,目前项目一期已正式建成,包含法国Huttopia木屋度假酒店、国际马术学校、Westfield我飞露营基地、创意街区、桑基鱼塘、四季有机农场等

续表

重点项目	简介
莫干山山地车速降赛道	2017年建成。一条长约2.5千米、落差200米赛道，碎石、砂石和松软泥土路面一应俱全，并按照国际标准修建大型土包、大气侧墙、高难度跳台、连续侧弯、人工石阵、起伏路、木质大型栈道等若干路障，是具有国际水准、又适合国内大部分车友骑行享受的速降赛道，总投资2亿元
德清莫干山沈园户外营地	项目总占地4000亩，主要打造集房车营地、越野赛事、休闲运动、旅游度假于一体的旅游综合体。总投资5.25亿元

资料来源：《莫干山，从民宿产业奇迹到体育小镇旗手》，2018年11月6日，搜狐网，https://www.sohu.com/a/273596691_349299。

（二）专项运动体验：以滑雪运动为吸引力核心——冬奥举办地崇礼滑雪聚集区

2022年的京张冬奥会、冬残会已成功落幕，极大地推动了中国冰雪旅游的普及和产业发展。张家口崇礼区是雪上项目举办地之一，以国家跳台滑雪中心（雪如意）、国家越野滑雪中心、国家冬季两项中心、云顶滑雪公园四座场馆承办10个比赛项目（见表3）。

表3　　　　　　　　　2022年冬奥会崇礼区承办项目

场馆	位置	比赛项目
国家跳台滑雪中心（雪如意）	张家口市崇礼区古棋路	跳台滑雪、北欧两项
国家越野滑雪中心	张家口市崇礼区古杨树东南部	越野滑雪、北欧两项

城市户外运动发展报告

续表

场馆	位置	比赛项目
国家冬季两项中心	张家口市崇礼区太子城东北部	冬季两项、残奥越野滑雪、残奥冬季两项
云顶滑雪公园	张家口市崇礼区太子城梧桐大道	自由式滑雪、单板滑雪、残奥单板滑雪（大跳台项目除外）

资料来源：《2022年冬季奥林匹克运动会和冬季残疾人奥林匹克运动会比赛场馆列表》。

崇礼位于北纬41°的"世界黄金滑雪带"上，降雪早、积雪厚、存雪期长达150天，发展冰雪运动的优势得天独厚。1996年，华北地区第一家滑雪场——塞北滑雪场在崇礼建成运营。截至2023年，崇礼共有密苑云顶、万龙、太舞、富龙、翠云山银河、多乐美地、长城岭七家滑雪场。经过多年的发展，滑雪产业探索出差异化定位和一卡通滑①两种模式，差异化主要体现在滑雪场文化（训练团队、基础配套）风格、雪道的专业级别和规模、市场细分方面。滑雪场基本形成了以冰雪运动为吸引力核心，更加重视对初学者游客的服务，开发餐饮、住宿、节庆活动旅游配套，满足冰雪运动体验和休闲度假的双重需求，旅游+冰雪融合发展。"一卡通滑"打破了景区边界限制，畅滑万龙、密苑云顶、太舞、富龙、翠云山银河、多乐美地六大雪场，也一定程度上减少了同质化恶性竞争，共同打造崇礼滑雪品牌。据崇礼区国民经济与社会发展统计公报数据，2019—

---

① 《张家口印发冰雪产业发展实施方案：实现崇礼六大雪场一卡联滑》，2019年9月5日，澎湃网，https：//m.thepaper.cn/newsDetail_forward_4344463。

2022年分别接待游客442万、①281.5万、②277万、③78.9万人次。可以看出，崇礼冰雪旅游在疫情之下，仍然受到冬奥会的强势助推，旅游市场火爆。冬奥结束后，崇礼冰雪旅游市场人气下降明显。崇礼尝试打造"四季游"、"国家级冰雪旅游度假区"、国家级滑雪比赛等保持热度，以2023年"五一"假期数据为例，崇礼假期接待游客83.05万人次，④创历史新高。

（三）近郊休闲：以露营度假为核心的娱乐休闲项目——北京日光山谷

日光山谷营地乐园是日光域旗下轻奢型自然度假营地乐园产品，位于北京市密云区穆家峪阁老峪村，地处密云水库南线，占地面积为1330亩，于2018年5月正式开业。地处北京1小时都市经济圈内，为一线城市消费者周末短途游玩提供了极大的便利。日光山谷的突出之处是旅游产品和运营模式。

日光山谷提供涵盖露营、亲子娱乐、自然教育、开心农场、有机美食、户外运动等各类休闲度假体验，开发基础商业配套日光盒子，两大住宿集群日光里和光合营集，五大娱乐

---

① 《全区2019年度经济运行情况分析报告》，2020年1月20日，张家口市崇礼区人民政府网站，http：//www.zjkcl.gov.cn/single/98/61779.html。
② 《崇礼区2020年国民经济与社会发展统计公报》，2021年6月1日，张家口市崇礼区人民政府网站，http：//tjj.zjk.gov.cn/single/119/130288.html。
③ 《崇礼区2021年国民经济与社会发展统计公报》，2022年8月8日，张家口市崇礼区人民政府网站，http：//www.zjkcl.gov.cn/single/98/66037.html？eqid=e1c7dcf40018c40f000000002647 5b01c。
④ 《崇礼如何打响"户外天堂"的品牌》，2023年7月21日，新华网，http：//he.news.cn/20230721/5379a067eb2a498bbe3fb11996af6895/c.html。

城市户外运动发展报告

片区撒欢运动乐园、艺术营会、自然农场、天空市集和夜光森林，八大主题活动春田花花运动会、520露营生活节、小日光戏剧节、88日光家庭日、日光无恙艺术节、暖阳阳计划、大过丰收节和白噪音音乐节，业态布局重深度体验和参与。露营作为日光山谷的核心项目，其他娱乐休闲项目多围绕其展开，呈现出主题多样、趣味性强和基础设施保障较为完善的特点。开发了南望湖、CS穿越火线实战基地、yep！星空里营地、梵·星空露营地、迪卡侬露营地、摇曳音乐露营区等多个主题营地。另外，日光山谷提供露营装备租赁、帐篷拎包入住、公共烧烤专区、公共天幕活动区，设置四个露营综合服务中心，提供淋浴间、卫生间、洗衣房、厨房和垃圾回收站等服务，[①]让游客走进自然的同时享受舒适的现代生活，提升露营体验品质。

日光山谷运用"一价全包"和社群共生模式。"一价全包"是针对消费者的定价方式，其源于Club Med开创的度假村概念，包含住宿、餐饮和娱乐项目，让消费者在山谷不需要过多纠结消费项目，全身心体验度假生活，也稳固了营收结构。社群共生模式针对合伙人，其中较为成熟的是"创业妈妈"模式，将住宿项目出租给"创业妈妈"获取租金收益，由日光旅文代为托管运营，收取服务费用，"创业妈妈"获得运营收益。

日光山谷疫情前发展得如火如荼，疫情后在原有业态框架里

---

① 《自然村攻略｜这里有你想要了解的日光山谷精致露营那些事儿》，2022年4月29日，微信公众号，https://mp.weixin.qq.com/s/VTCgMGxIAq9eZj6JUY-8qA。

微调，整体变化不大。在品牌运营端有新动作，营地招商方面引入携程、锅圈食汇、执惠生态伙伴，^①以期壮大资产运营队伍。

（四）体育旅游活动：以活动为媒，叫响贵州山地户外运动旅游品牌——贵州国际山地旅游暨户外运动大会

贵州处于云贵高原东部，平均海拔为1100米左右，省内山地众多，地形起伏大，喀斯特地貌、悬崖、地缝、天坑、高山草原等资源富集；从气候来看，属于亚热带湿润季风气候，冬暖夏凉，发展山地旅游的条件得天独厚。2015年，由国务院批准，以山地旅游为主题的国家级、国际性高端峰会——国际山地旅游暨户外运动大会落户贵州。

国际山地旅游暨户外运动大会由贵州省、文旅部、国家体育总局等相关单位举办，时间一般定在每年的9—10月。大会由活动赛事、产业论坛、文化旅游推介会、招商引资、人才引进等项目组成。活动赛事不断丰富，涵盖史迪威公路晴隆24道拐汽车爬坡赛、万峰林国际徒步大会、国际自行车赛、贞丰三岔河国际露营大会、国际低空跳伞挑战赛、国际山地户外运动挑战赛、国际高桥极限运动邀请赛等活动赛事，汇集全世界的户外运动爱好者。大会邀请各界专家探讨山地旅游发展前沿，为其发展出谋划策。贵州作为举办地成为最直接的受益方，赋能贵州山地旅游的高质量发展。借助大会吸引来的全世界的目

---

① 《日光域2023年品牌战略及招商发布会成功举办》，2022年12月13日，百度网，https：//baijiahao.baidu.com/s?id=1752081937956986172&wfr=spider&for=pc。

光，同期举办贵州旅游推介会，提升贵州旅游产业的知名度和可持续发展水平，将贵州旅游的避暑和山地户外运动两大招牌推向全世界。从2023年的数据来看，赛事之一的环万峰林国际山地自行车赛吸引了来自英国、乌克兰以及中国24个省市的1000多位运动员参加，在参赛人数和赛事规模上创历史新高，说明连续高规格举办的大会已经打出品牌，收获影响力。

四 问题与挑战

（一）部分旅游项目生命周期过短，"速生速灭"现象多发

依据R. W. Butler旅游地生命周期模型，旅游地的生命周期历经早期探险、地方参与、发展、巩固、停滞和衰退六个阶段，中间期长的旅游项目更为优质。户外运动旅游中诸如疫情期间发展起来的飞盘、露营等项目呈现出市场快速火热，热度维持数月后快速下降的特点。"短命"的户外运动旅游项目由以下原因导致：（1）游客"尝鲜"心态主导，一次体验过后没有重复消费，后劲不足；（2）在市场火热的时候没有培育出具有影响力、产品实力的品牌，大多数经营者抱有短期思维，产业发展不可持续；（3）在特定阶段下，某些户外运动旅游恰好能够满足当时的旅游休闲需求，当这一阶段过后，对应的旅游产品也就没有了发展的根基。

（二）市场仍处于发展初期，高质量产品供给不足

户外运动旅游相较于一般旅游花费更高，旅游者的经济水

新媒体影响力报告（2023）

平和专业水平较高，更加注重体验品质。中国户外运动起步晚，产业基础薄弱，面临如下挑战：（1）专业团队缺乏，具体表现为户外用品的技术团队、设计团队、小众户外运动训练专业团队不足，高端户外用品市场被欧美垄断；（2）国内高质量户外运动旅游目的地数量少，受经济发展水平和地理条件限制，整体发展格局不均衡；（3）存在一定的同质化竞争，即使追求差异化发展战略，但在实际发展过程中差异化不明显；（4）部分户外运动项目风险系数高、专业性强、门槛高，大众化普及面临一定的阻力；（5）目前消费市场大众化发展有待提升，对产业快速发展的助推作用较弱。

（三）盈利模式单一，产业持续发展受限

户外运动旅游前期投入大，并且需要持续的大量运营投入。以莫干山为例，在进行民宿建设时期投入大量资金，后期民宿发展瓶颈，需要进行体育小镇投资，那么可持续的盈利模式设计成为项目生命周期的重要影响因素。目的地盈利主要来自门票、住宿、餐饮、设备出租、教练费方面，盈利模式单一，少数旅游地探索出新的盈利模式，但是市面上对户外运动旅游的产业价值发掘仍然不足，突出的盈利模式仍然较少。

（四）医疗救助基础设施不完善，威胁游客安全

户外运动具有一定的风险性，据调查，多数发展户外运动的旅游目的地有比较完善的安全提醒、游玩须知、防护设备、

城市户外运动发展报告

日常维护等，但是在医务室建设方面较为简陋，仅能处理如擦伤、磕碰之类的简单伤情，甚至有的目的地没有配备医务人员，一旦发生意外事故，远离城区医疗保障下的景区需要花费很长的时间将伤者送医，极大地影响了游客的生命安全。

五 建议

（一）多方主体协同发力，提高户外运动旅游项目的质和量

加快培养一批户外运动旅游的规划人才、户外用品的技术人才、体育+旅游的跨界运营人才，同时注重人才引进和本土化适应，为户外运动旅游提供人才保障。引导社会资本进入，提供产业发展资金支持。培育国产户外用品高端品牌，打破欧美国家对高端市场的垄断。完善多部门协同机制，文旅主管部门、体育主管部门与当地在政策推动和执行方面继续协同发力，共同保障户外运动旅游行业的发展。

（二）体旅融合持续深入，对户外运动项目进行大众化改造

户外运动项目一般具有小众化、高消费、专业性和危险性的特征，大众化发展面临障碍。邀请专业团队对专业性强和风险系数高的户外运动项目进行大众化改造，降低体验门槛，让更多的消费者能够快速上手、安全体验。寻找适合户外运动项目开发的旅游目的地，鼓励其引进相关项目，融入当地旅游的发展。对户外运动项目分级规划，选择适合大众化发展的项目，

为行业提供多种选择。

（三）强化政策支持和引导，规范行业发展

标准方面，户外运动项目的专业性和危险性等特征亟需科学完善的标准体系作为准入门槛，通过政府牵头组织政、产、研三方主体共同参与，针对不同类型的户外运动的项目，从场地开发、产品设计、服务标准和基础设施保障等方面进行标准体系和制度设计。应注意生态环境保护，避开生态保护红线；关注医疗救助标准建设，根据不同的项目设计专业的医疗救助等级，保障游客安全。